JN127571

部下を育てるPDCA

株式会社エイチ・アール・ディー研究所
吉田繁夫／吉岡太郎

同文舘出版

はじめに――初めて上司になる皆さんへ

本シリーズ“部下を育てるPDCA”シリーズは、組織の大小を問わず、初めて部下を持つようになった方、あるいは、初めてではないけれど、体系的に上司としての仕事を学んでみたい、という方向けに書かれています。

本書では、面談を“部下との一対一のコミュニケーション”と位置づけています。目標管理制度における評価面談など、わざわざ時間と場所を確保して行うような非常にオフィシャルなものも面談ですが、「○○さん、ちょっといいですか？」とあなたの席で部下の報告や相談を聴くのも面談です。さらに言えば、部や課の宴席で、たまたま隣に座った部下に対して、「お前、最近～～だよな」などと始まるコミュニケーションも面談と言えます。

そのように考えると、上司であるあなたにとって、日々の業務（宴席も“業務”なのは、上司としての悲しい性ですね）のかなりのウェイトを占めるのが面談と言えるでしょう。ところが、そんな重要な面談の技術に関して、体系的に学べる機会はあまりありません。

上司としての仕事で真っ先に目が行くのは「組織の仕事を完遂させること」ですし、そのための戦略・リーダーシップ論であるとか、経営・財務的な事柄も重要になります。また、部下に対してという視点でも、労務管理や目標管理制度の運用など、人事的に期待される役割という領域も知っていなければなりません。したがって、階層別教育などでよく取り上げられるのは、そのような内容が中心にならざるを得ません。

しかし、上司として組織の仕事を完遂するために現場で最も必要なのは、部下とのコミュニケーションです。本書は、さまざまな状況において、部下との一対一のコミュニケーションをより効果的に、そして効率的に行うための技術をわかりやすくまとめました。

ここで“技術”というのは、“知っていて”、“練習すれば（あるいは経験を重ねれば）”、誰もが習得できるものということです。面談に苦手意識を持つ人でも、面談を面倒に感じている人でも、“やり方がわかって”、“スムーズに進められる”ようになれば、効果的に、そして効率的に面談を行えるようになるでしょう。

そのために、全体の構成として、前半部分は基本的な面談の進め方や、その背景となる心理的な側面の内容とし、後半部分には応用的な、さまざまな状況においての面談のケースを紹介してあります。

はじめから読み進めていくのがわかりやすいかと思いますが、後半部分の具体的な事例を参照してから、1章に戻るという読み方もよいかもしれません。

心理学的な側面を扱った“面談の科学”の章は、興味がある方や研修などでは有益な情報となるかと思いますが、そうでない方は最後に読むということでも十分に理解できるよう配慮してあります。

■本シリーズ「部下を育てるPDCA」とは

Plan-Do-Check-Actionの頭文字を取った、業務改善のための有名な手法が「PDCA」です。

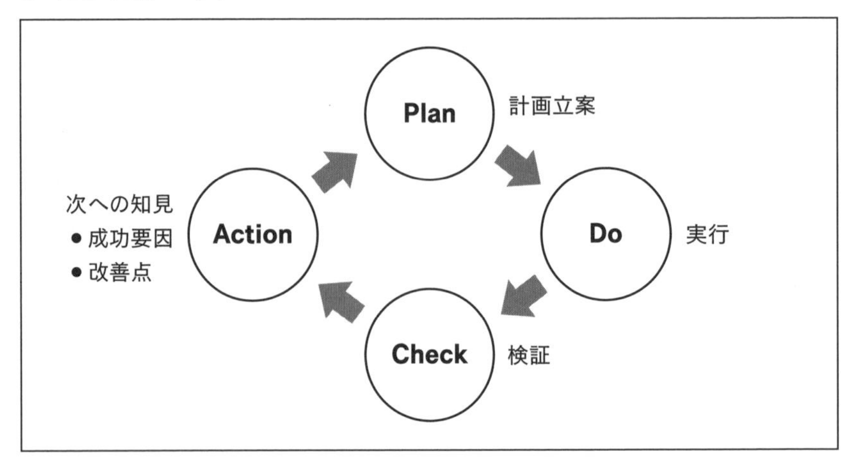

まず計画を立案し（Plan）、計画通りに実行（Do）します。そして、計画通りできたかどうかを検証（Check）し、次への知見（Action）を残していきます。改善点の洗い出しのみを知見と考える方も多いですが、成功した要因も重要な知見となります。

株式会社エイチ・アール・ディー研究所では、様々な業種・職種・職級の研修を実施しています。研修の前後では、実際にビジネスパーソンが現場でどのように業務を遂行しているのかという言動データを１万件以上収集し、データベース化しています。それらのほとんどは「このようにしたのでうまくいった」や「このようにやりたかったがうまくいかなかった」という生々しい情報です。

「部下を育てるPDCA」は、こうした言動データをPDCAの観点で検証し、世の中に多く存在するマネジメント／リーダーシップ／コミュニケーションなどの理論から、上司のみなさんにとって効果が高く実践しやすい内容を厳選し、お届けするシリーズです。

■自習教材、自己啓発としての本書の活用について

本書は要所要所に様々なシート類が付記されています。３章ではいくつかの練習も準備しました。それらは、実際に書き込めるようデザインされています。通常、本というメディアは読んで終わり、ということが多いかもしれませんが、より深い理解、みなさんの実務への活用という観点では、どんどん自分の考えや、みなさんの部下を思い浮かべた計画などを書き出し、また、それを準備として実際の面談で試してみることをお勧めします。

面談というのもスポーツと同じで、本で読んだだけでできるようになるものではなく、自分で試してみてコツをつかむ、練習によってうまくなるものです。シート類は繰り返し使いたいので、ということであれば、ダウンロードしたワークシートを使い、原本は白紙で残しておくのもよいでしょう。ぜひ活用して実務に活かし、部下育成そして成果につなげていただければと思います。

■研修等での本書の活用について

本シリーズ“部下を育てるPDCA”では、「オープンテキスト」として、通常は著作権の項目として禁止されている、ワークシートの複製や、講師の読み上げ（口述）、必要な部分のスライド化などを、所有者に対して「営利目的」であるかどうかを問わず、その利用を許諾し、研修などでも活用できるライセンスが付いています。

また、ストーリーに当たる部分については、YouTubeを通じ、個人あるいは研修などグループで、同内容の動画の視聴が可能で、より現場でのイメージがつくようなサポートも行なっています（個人の方でもイメージ動画を視聴することにより、より深い理解が得られることと思います）。

さらに、本書の中では最低限しか触れられていない、講師のための研修ガイドもダウンロードによって詳細情報を得られ、社内講師でもプロ並みの研修が開けるようになっています。

株式会社エイチ・アール・ディー研究所
吉田　繁夫・吉岡　太郎

読者限定

“部下を育てるPDCA”シリーズ

サポートホームページ
http://www.hrdins.co.jp/bspdca/

- ☑ **本書ストーリーを再現した動画**
- ☑ **本書ワークシートのダウンロード**
- ☑ **研修用スライド、講師ガイド**

『部下を育てるPDCA　面談』　目次

2章

面談の技術

3章

面談の科学

4章

面談のケーススタディ

5章

まとめ

巻末付録

研修ガイド

装幀 二ノ宮 匡（ニクスインク）
本文 DTP マーリンクレイン
執筆協力 吉野 明日香

1章

面談の基本
——面談は部下を育て、仕事を効率的に進める最大の機会

1 上司の仕事は面談に始まり、面談に終わる

上司の仕事は究極的には“部下によい仕事をしてもらう”ことにあります。自分ですべてやってしまうなら、部下は必要ありませんし、部下がいるということは、何か指示して、あるいは依頼して、やってもらう仕事があるということです。

その仕事の指示あるいは依頼は、今の時代、メールなどの文書で行うということもあるかもしれませんが、日本ではまだまだ一対一のコミュニケーション、つまり面談から始まることが多いでしょう。

また、部下に任せた仕事が、何もせずに放置しているだけで完遂することはあまりないでしょう。順調に進んでいるという報告を聞くだけなら、大した会話は必要ありませんが、本当に上司としての助けが必要な時、部下の話を聴き、的確なアドバイスを与える場面は、やはり面談なのです。

そして、一通りの仕事が終わり、ねぎらいの言葉をかけ、次の仕事へのモチベーションを上げるのにも、面談による個別のコミュニケーションが効果を発揮します。

その他、個人的な相談を受けたり、時には叱咤激励をしたりすることもあるかもしれません。一緒にキャリアを考え、部下の成長を支援することも上司の役目です。

このようなコミュニケーションを通じて、上司は“部下によい仕事をしてもらう”わけです。

このように、上司としての仕事は面談に満ちています。そして面談は、部下を育て、仕事を効率的に進める最大の機会なのです。

あなたは、面談をどのように感じているでしょうか？

• 必要だとは思うけれど、時間がなくて……

- **いちいち面と向かってというのは今さらに感じる……**
- **人事制度上やれと言われるので仕方なく……**

確かに、一対一のコミュニケーションは時間もかかり、面倒に感じることもあるでしょう。部下を何人も持っているのであればなおさらです。

しかし、1回の面談を効果的に行えば、その時間や面倒をかける価値のあるものにすることができるのです。どうせ時間をかけるなら、面談を効果的・効率的に行い、あなたとあなたの部下にとってより有益なものにしなければもったいないともいえるでしょう。

これから本書でご紹介するのは、精神論でも、いわゆる「べき論」でもない、純粋な“技術”です。技術ですから、最初はうまくいかないかもしれませんが、ステップ・バイ・ステップで着実に回数を積み重ねれば、誰でもマスターできるものです。それら“技術”を実際に面談で活用して「部下によい仕事をしてもらう」プロになっていただくことを期待しています。

さて、面談を一対一のコミュニケーションと位置づけた時、あなたにはどのような面談の機会があるでしょうか？

- **ちょっと込み入った仕事を、きちんと時間をかけて部下に指示出ししたい時**
- **最近、元気がないように見える部下に、それとなく理由を聞きたい時**
- **仕事の報告が遅い部下に、そろそろちゃんと指導しなければ、と思う時**
- **人事部から目標管理制度の一環で、面談をしてから部下の目標を提出するように言われている時**
- **部下から、ちょっといいですか？　と声をかけられ、相談を受ける時**
- **異動の知らせを、部下に伝える時**

まずはあなたが、1年間で「ありえそうな」部下との一対一のコミュニケーションの機会をリストアップしてみましょう。どんな機会がありますか？　そして、それはどのくらいの頻度でしょう？　1人の部下に対して、週に何回、あるいは月に何回くらいでしょうか？
頻度は多ければ多いほどよいというわけでもありませんが、さすがに半月に1回以下ということだと少なすぎるかもしれません。所属するプロジェクトなどの関係で、部下とは職場が違うという場合もあるでしょう。しかし最近はグローバルな企業でも、距離と時差のハンデを乗り越え、テレビ会議システムなどを通じた一対一の“顔の見える”コミュニケーションを重視している企業が多くなっています。工夫次第で頻度を上げる余地があるかもしれませんね。
次に、それらの面談に対してのあなたの意識や気持ちはいかがでしょうか？

- **意外な本音が聞けるので、たまの機会は楽しみだ**
- **お互いに忙しいオーラを出しながらの時間になるので、正直、面倒に感じる**
- **こちらはいいのだけれど、相手があまり話したがらないので困る**
- **上司の仕事の一部なのだから、好きも嫌いもなく、当たり前だと思っている**

ポジティブな気持ち、ネガティブな気持ちの両面があるかもしれませんが、自分や部下のことを思い起こしながらこの本を読み終える頃には、少々の面倒は感じながらも「ちょっとかんばってみるか」と思っていただければ嬉しく思います。

面談の機会

■ 今後1年くらいの間に、部下との一対一のコミュニケーションの機会でありえそうなコミュニケーションの機会をリストアップしましょう。

部下名	機会	頻度

■ 上記の面談に対してのあなたの意識や気持ちはどのようなものですか？

■ 上記の面談をどのようなものにしたいですか？

2 準備8割、実行2割
——面談の秘訣

本書では面談を“部下との一対一のコミュニケーション”と位置づけました。

そしてその“技術”ですから、中心となるのは一対一のコミュニケーションの技術、ということになります。みなさんはコミュニケーションの技術、というとどんなものを思い浮かべるでしょうか？

話し方、表情の作り方、少し勉強した人なら聴き方というのも技術の一つとして挙げるかもしれません。世の中のコミュニケーションの講座というと、たいていはそのような「その場でどうするか」ということがメイントピックになっているようです。

確かに、コミュニケーションは相手との言葉（あるいはそれ以外）のキャッチボールが大事ですし、相手の話し方、表情などからさまざまなものを読み取り、それに適切に対応しようとすればするほど、「その場でどうするか」が大切になってきます。

コミュニケーションの一般論としてはそれでよいですし、それらの技術もあってこその面談です。しかし、面談には一般論ではない大きな特徴があります。それは、（面談前に）“相手が決まっている”ということです。

部下やチームのメンバーであればもちろんのこと、他社の協力メンバーであっても、名前やプロフィールくらいは面談前に知ることができるでしょう。

“彼を知り、己を知れば、百戦殆うからず”という古い中国の戦略論に出てくる孫子の有名な言葉があります。面談は戦いではありませんが、「その場でどうするか」の前にやっておけることは数多くあります。むしろ面談の場になった時に、本当に相手との言葉（あるいはそれ以外）のキャッチボールや、相手の話し方、表情などからさまざまなものを読み取り、それに適切に対応することに集中できるよう、準備しておくことが肝要であるとも言えます。

面談では、始まる前に、相手のことや自分がその面談で何を狙いとしたいのかなどを整理しておけるのですから、そのような準備をしない手はありません。

また、自分の話し方や表情の作り方、あるいは相手の言葉や表情から何を読み取るかなど、その場での要素にしても、事前に練習をして“技術”を身につけておくという準備ができます。“準備８割、実行２割”が大切だとさまざまな分野の達人たちが異口同音に説いていますが、面談もまた例外ではなく、やはりそれが秘訣といえます。

この後のページでは、面談で必要なポイントを、あなたの面談相手を思い浮かべながら整理したり、実行時のポイントを練習したりできるようになっています。

単に読み進めるだけでなく、ワークシートに書き込みをしたり、ちょっと相手を見つけて練習したりすることで、最後のページにたどり着くころにはあらかた面談の準備が終わっている、という構成になっています。万全の準備をして、早く面談をしたくてワクワクしている、そんな今まで味わったことのないような気持ちになっていただくことを期待しています。

3 “上司たるもの”との思い込みが面談の邪魔をする

準備８割、実行２割が面談の秘訣であるとお伝えしましたが、何が何でも準備通りに進めるということではありません。よく「準備をしすぎて、そのことで頭がいっぱいになってうまくいかなかった。もっと自然体で臨めばよかった」という反省をする人がいます。

確かに、「準備通りしっかりやらなければ」という気持ちが強すぎると、そのようなことも起きるでしょう。しかし、実は問題の所在は準備をしすぎたとか、考えすぎたというところにあるわけではないのです。

面談の場になった時に、「相手との言葉（あるいはそれ以外）のキャッチボールや相手の話し方、表情などからさまざまなものを読み取り、それに適切に対応することに集中できるように準備しておいたのだ」ということを忘れてしまうことが問題なのです。

何事も「○○しなければ」と強く思い込んだりすることは、あまりよい結果を生みません。そのような強い思い込みの一つに「上司たるもの」というものがあります。

さて、あなたが考える上司像、リーダー像にはどのようなものがありますか？

- **部下やメンバーを引っ張っていかなくてはいけない**
- **（部門やチームとして）結果を出さなくてはいけない**
- **自分がすべての責任を負わなくてはいけない**
- **上記のようなリーダーシップを発揮しなくてはいけない**

このような気負いはありませんか？　もちろん、うまく部下やメンバーを引っ張っていったり、その結果として期待される成果を出し続ける上司やリーダーがいることは事実です。しかし上司やリーダーの役割になったからと言って、すぐに、あるいは常に、そうあらねばならないというわけでもないでしょう。

特に面談の場では、「上司たるもの、何か言ってやらねば」という思いは、事実に耳を傾け、問題解決を導き、相手の納得を引き出す時に障害になることがあります。その思いはあなたのプレッシャーとなり、相手がまだいろいろと話し始める前にアドバイスしてしまったり、問題の所在がはっきりする前に解決策を求めたりして、納得を引き出すのに逆効果になってしまうこともあるものです。

もし上司であるあなたの考えによって、鮮やかな問題解決がなされたとしても、部下やメンバーの成長につながらないということです。その後、部下やメンバーはさらにあなたに頼り、部門やチームの中長期的な目標達成のために、あなたががんばるしかないという状況に陥ることになるかもしれません。

あらゆる“技術”というのは目標達成のための手段であるわけですが、面談の技術は前述した通り“部下によい仕事をしてもらう”ための一つの手段です。

それによりあなたの負荷は小さくなり、部下やメンバーの達成感や満足感をサポートでき、部門やチームの目標を継続的に達成し続けることができるというビジョンに基づくものであることを忘れないようにしたいものです。

4 コミュニケーションの深度

　面談は“部下との一対一のコミュニケーション”である、とすれば「自分は結構一対一のコミュニケーションはとっているよ」という人もいるでしょう。確かに量としては十分なコミュニケーションがとれている場合もあります。しかし、“コミュニケーションの深度”という考え方をするとどうでしょうか？

　その深さを浅い方から順に、次のように定義します。

【コミュニケーションの深度】

深度１：表面的―あいさつや、天気・時事的内容などの世間話
深度２：事実関係―（主に仕事上の）事実に関する情報伝達・共有
深度３：感情―起こった事実に関連して感じたこと、喜怒哀楽
深度４：価値観―さまざまな判断や感情の源になる価値観

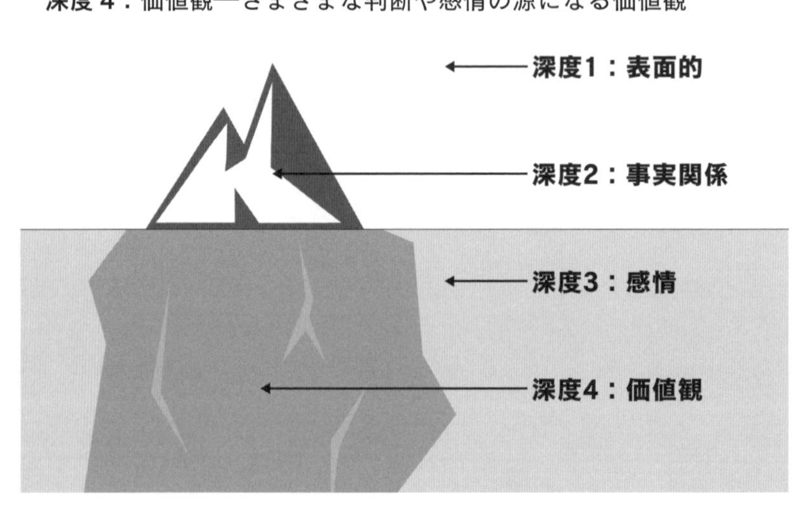

深度 1 は表面的なコミュニケーションです。天気の話や、あなたは好きでも相手が興味のない野球やサッカーの話も、この中に入ります。

深度 2 は事実関係のコミュニケーションです。仕事を進める上では欠かせません。しかし、それだけが多くても、部下やメンバーとしては、仕事の話だから仕方なくコミュニケーションをとっていると感じているかもしれません。

深度 3 は感情に関するコミュニケーションです。仕事上では（あるいはプライベートでも）さまざまな出来事が起きますが、それについて部下やメンバーがどのように感じているのかという領域です。嬉しいのか、そうでもないのか、実は怒っているのか、残念に感じているのかといったところまで共有できていると、かなり深いコミュニケーションが取れていると言ってよいでしょう。

深度 4 は価値観のレベルのコミュニケーションです。お互いの大事に思っている趣味や、大切にしている座右の銘を共有できているでしょうか？　ただ、この深さになると、そもそも部下やメンバーという枠だけでなく、個人としても共有できている人は少ないかもしれません。

例えば「○○の仕事は順調か？」「ええまあ」というような会話なら、表面的なコミュニケーションです。これが、「○○の仕事の～についての進捗について教えてくれ」「はい、△△までは終わっていますが、□□については、これから着手の予定で、ちょっとだけ遅れていますが、問題ない範囲です」という情報のやりとりがあるなら、事実関係のコミュニケーションがとれていることになります。

さらに、そのようなコミュニケーションの上で「気にかかっていることや、不安に思っていることはないか？」、または「楽しくやれているか？」「やっていて嬉しいことはあったか？」などの質問をするならば、それは感情のコミュニケーションを取ろうとしているということになります。

一歩踏み込んで「やりがいはあるか？」「はい、将来▽▽になりたいので、そのためにもがんばろうと思います！」などという会話があるとすれば、価値観のレベルのコミュニケーションにまで踏み込んでいると言えます。

コミュニケーションの深度は深ければよいというものではありませんが、どの部下やメンバーと、普段どのくらいの深さのコミュニケーションをとれているのかについては、意識しておくとよいでしょう。次ページのワークシートを活用してみてください。

コミュニケーションの深度

自分の部下やチームのメンバーとのコミュニケーションを振り返り、それぞれどのくらいの深度でコミュニケーションをしているか、整理してみましょう。

■ まずは、メンバーの名前を書き出してください。

■ 下記の深度のどのあたりに、上記のメンバーがいるのか、名前を書き込んでみましょう。

【深度1】 表面的	
【深度2】 事実関係	
【深度3】 感情	
【深度4】 価値観	

5 ビジネスコミュニケーションと世間話

上司であるみなさんが、コミュニケーションの領域で悩んだり、嘆いたりすることの一つに「部下からの報連相がない／足りない」というものがあります。「どうしたら部下から報連相をしてくるようになるのか教えてほしい」ということもよく聞きます。一方で、新人研修などでは、必ずと言っていいほど「報連相はタイミングよく、事実をキッチリ伝える」などと教えるカリキュラムが入っています。

教えているのにやらない／できないのは、なぜでしょうか？

一つの理由として、報連相という言葉そのものが曖昧すぎて、新人や若手の部下の立場からは「いつ、何を、どのように伝えたらよいのか」その場で判断できないということがあるようです。

また、最近では会議を改善しようということも、ちょっとしたブームになっています。決まらない会議から決まる会議へ、あるいは決まったことをそれぞれが実行する会議へなどが、キャッチフレーズになっていたりします。

長らく以心伝心でコトを運んできた日本人は、どうもコミュニケーションによって仕事を明示的に進めていくということが苦手なようです。トップレベルの会食の場で重要な物事が密室決定されるというのも、グローバルな視点から見ると、なかなか理解されづらいことと言われています。

そこで、ビジネスコミュニケーションを次ページの条件で捉えてみましょう。

“次の行動”が確定・合意できると考えれば、報連相も、上司の判断と行動のための情報がやりとりされなければならないわけですから、その点を指導すればよいことになります。

【ビジネスコミュニケーション】

・ビジネス上の目的がある
・ビジネスを進めるのに必要不可欠

どちらかの、あるいは双方の
“次の行動”が確定・合意できる

また、会議でも何を決めるかということについては、ビジネスを進めるための参加者の“次の行動”であると明確化しておけば、そのことに焦点を当てて話を進め、最後にはそれが決まって会議が終わるという、すっきりとしたものになるでしょう。もちろん、次の会議ではその時に決まった“次の行動”がなされてどうだったか、が話の始まりであるべきです。

このようにビジネスコミュニケーションを定義すると、トップレベルの会食も、状況が食事の場であるというだけで、ビジネスを進めるための“次の行動”が合意されるという点では、立派なビジネスコミュニケーションと言えるわけです。

同様に、面談もビジネスコミュニケーションの一つであると考えれば、面談が終わった時の“次の行動”を軸にして捉えていくことができます。会議室で行われるような少し堅苦しいものも、「たまにはあいつを誘って飲みに行くか」というくだけた場でも、“次の行動”を考えていくことで、効果的なコミュニケーションができるようになることでしょう。本書では、このような考え方をベースに面談を解説していきたいと思います。

6 面談の目的

面談もビジネスコミュニケーションと捉えれば、以下の条件が満たされているはずです。

【面談＝ビジネスコミュニケーション】

・ビジネス上の目的がある
・ビジネスを進めるのに必要不可欠

どちらかの、あるいは双方の
“次の行動”が確定・合意できる

目的のないコミュニケーションは、ただの世間話です。制度上、部下との面談が必須になっている場合もありますが、目的を定めずにただ漫然と他愛のない話をするだけで終わってしまうと、部下側も「この時間は何なのだろう？」とムダに感じてしまうかもしれません。さらに、そんなムダな時間を取らせる上司として能力を疑われるリスクまであります。

面談の目的とは、例えば「会社でのセキュリティポリシーの変更点を伝える」であったり（この場合の“次の行動”は新しいセキュリティポリシーに沿った活動になります）、部下のキャリア上の希望を聞き出すであったり（この場合の“次の行動”は、その情報を考慮に入れた上司の来期の仕事の割り振りになります）、今期の目標管理制度上の目標の合意であったりするでしょう（この場合の“次の行動”は目標達成に向けた計画作りかもしれません）。

面談の目的を分類すると、以下の３つになります。

【面談の目的】

- あなたから情報を**伝える**
- 相手から情報を**聞き出す**
- その上で**合意を得る**

※目的が不明確だと、部下が「この時間は何なのだろう？」とムダに感じてしまうこともある。

伝えることが目的の面談だとしたら、ただ伝えればよいでしょうか？それならメールでもいいですし、あなたがする必要がないかもしれません。せっかく面談というコミュニケーションを選んだのですから、双方向であるべきでしょう。

何かを伝える場合なら、相手に質問して、正しい答えが得られるといった理解の確認が必要です。また、情報を聞き出す場合なら、ただ聞いて終わりではなく、こちらの理解を伝えて、相手がその理解で正しいと答えてくれたら、それが完了条件になります。

ですから「○○の話をしよう」と言うだけでは、目的としては曖昧だといえるでしょう。

例えば、普段なかなか話ができない部下と、休日の過ごし方の話をしようとしたとします。「この間の休みは何して過ごした？」「久々に映画を見に行きましたよ」「そうか」で会話が終わったらどうでしょうか？

確かに休日の過ごし方の話はできたようです。しかし、「久々に」というのは、いつもは仕事が忙しすぎて行けないのか、映画を見ることでリフレッシュはできたのか、どんな映画をどんな理由で見に行ったのかなど、より深いコミュニケーションができる余地はありそうです。

ここで目的を「休日の過ごし方の情報を得ることで、仕事の負荷分散の参考にする」としたらどうでしょうか？

そうすれば、「ん、何で久々なんだ？　いつもはどうしてるんだ？」とか

「ちゃんと気分転換できた？」とか、次の情報を得るための質問をしたくなるのではないでしょうか？

プライベートな話なのに、なんだか冷たい考え方だなと思われるかもしれません。もちろん実際には、途中で「何を見た？」「○○か、私も見ようと思ってるんだけれど、どうだった？」とか寄り道をする会話が入るのが自然です。

しかし、自然な話の流れの中でも、目的に応じた情報交換や合意がきちんと行われるというのが本書で扱う面談の技術なのです。

次のページに面談の目的に着目したワークシートを用意しています。面談の目的への理解を深めるために、あなたがこれまで行った面談を１～２つ取り上げ、どのような目的があったか、振り返ってみましょう。

面談の目的　整理シート

あなたが行ったことのある面談には、どのような目的の要素が含まれていたでしょうか？　整理してみましょう。

対象の面談	メンバー名： いつ：
面談の目的	概要： ☐ あなたから情報を伝える（伝える面談） ☐ 相手から情報を聞き出す（聞く面談） ☐ その上で合意を得る（合意する面談） →確定・合意したこと

7 よい面談／悪い面談

よい面談／悪い面談とは、それぞれどんなものでしょうか？

これがプレゼンテーションなら、よいプレゼンテーション／悪いプレゼンテーションはイメージがつきやすいかもしれません。例えば、わかりやすく、印象に残り、思わず○○したくなるといったプレゼンテーションはよいものといえそうです。逆にスライドは見えづらい、話は聞き取りにくい、単調で面白くない、ムダな時間だったなと思ってしまうプレゼンテーションは悪いものといえるでしょう。

では、面談の場合はどうでしょうか？

まず、第一に目的が共有され、その目的に沿った結果が得られていることが、よい面談の条件の一つとして挙げられるでしょう。

ここでは"目的が共有されている"ということが重要です。例えば、部下やメンバーの情報を得るために面談を設定したとして、そのことを部下やメンバーに伝えていなかったらどうでしょうか？

部下は「なんだかよくわからないけれど、根掘り葉掘り聞かれて、詮索されているみたいでイヤだったな」と思ってしまうかもしれません。

また、その目的に向けて、効率的・効果的に時間を使い、進めていけることも、よい面談のもう一つの条件と言えるでしょう。

最終的に目的に沿った結果が得られても、そこまでの話の進め方が行きつ戻りつしたり、関係のなさそうな話題に脱線しすぎたならば、散漫な印象になってしまうことでしょう。

つまり、よい面談とは、以下の2点が最低限満たされているのです。

【よい面談の最低限の条件】

- 目的に沿った結果が得られている
- それまでの進め方も効率的、効果的である

このように考えてみると、その条件はよいプレゼンテーションと同じであることに気づきます。よいプレゼンテーションも同じ2点が最低限満たされているでしょう。

それもそのはずです。面談もプレゼンテーションも一対一、一対多という違いはあるにせよ、ビジネスコミュニケーションの一つなのですから。

よいプレゼンテーションを実施するためには、慣れた人でも、あるいは慣れた人ほど、しっかりとした準備をするものです。目的を定め、そのための進め方を綿密に計画しているでしょう。

面談も同じです。目的をしっかりと考え、そのために話をどのように進めるのか、どんな説明や質問をするのか、準備しておく必要があるといえます。

大切な場面でのプレゼンテーションを、準備もあまりせずに「今日は○○の話をしよう」とだけ考えて臨む人はほとんどいません。それと同様に、面談もまた「今日は○○の話をしよう」とだけ考えるのではなく、目的と進め方についての準備が、そのよし悪しの分かれ目になります。

面談の技術とは、面談が始まってからの技術だけでなく、面談が始まる前の準備の技術も重要なのです。

ストーリー 初めての部下

天王寺さんは春に辞令が下りて営業マネージャーになったばかりです。今までも営業パーソンとして後輩を助けてきたつもりですが、これで名実ともに３人のチームメンバーを抱えるリーダーになりました。

上司の高槻部長からはチームの営業目標を渡され、期待してるぞと言われました。自分だけの数字を追っていた去年とは違い、チームの数字を各メンバーに配分し、チームの総力で達成しなければなりません。

天王寺さんは、半分くらいは自分が引き受けようと思っています。次は営業８年目の中堅である福島さんで、前年度の業績から考えると120％増くらいなら、経験を活かして確実に営業目標を積み上げてくれるでしょう。５年目の若手の桃谷さんは、やる気とガッツはあるのですがムラがあるようで、業績は達成したり、しなかったりと不安定です。もう１人の野田さんは、新卒で１年間の流れを経験したところで、早く一人前に育ってもらわなければなりません。

天王寺さんは桃谷さんと野田さんに、積極的なコミュニケーションを取っていこうと決めました。

野田さんがパソコンで作業しています。

「どうした、野田。営業は楽しいか？」

急に声を掛けられた野田さんは、驚いて顔を上げました。

「えっ。あっ、はい！」

画面を見たところ、メールを書いている途中のようでした。

「お、この前のフェアの来場者へのレター作りか」

「はい。桃谷先輩から、こういう地道なコミュニケーションが後から数字につながってくるってアドバイスいただいて」

「そうか、桃谷も後輩にアドバイスをするようになったか。だけどいいか、メールだけで安心しちゃダメだぞ。メールを送ったら、電話、電話をしたらアポイントだ。最後はどれだけ顔を見せたかが、数字を決めるんだからな」

「はい！」

メールも大切だけれど、やはり営業パーソンたるもの対面でのコミュニケーションがものを言うというのが、天王寺さんの持論です。

天王寺さんは、フェアに一体どんなお客さまが来場されたのか、野田さんのデスクに広げられているリストを覗き込みました。

「お、ABC商事の人がいるのか！　うまく攻略すれば大きな数字に育てられるぞ。この人とはフェアでは話をしたのか？」

「えっと……」

「なんだ、なんだ。自分が挨拶したかどうか、覚えていないのか？名刺交換したらちゃんとどんな人だったか、どんな話をしたのか、メモしておくのが常識だぞ。そういうノートは作ってるのか？」

野田さんの反応に、これはみっちり指導をしなければと天王寺さんが身を乗り出しました。

「おーい、野田。急いで出かける準備しろ！　間に合わなくなるぞ」

そこに割って入るように声をかけたのは桃谷さんです。桃谷さんはカバンを持って、すぐにでも外出できる格好です。

「はい」

「お、今日は同行だったな。悪い悪い。じゃあ、がんばってきてくれ」

天王寺さんは今日の2人のスケジュールを思い出しました。

野田さんは大急ぎで出かける支度を整えました。

「よし、行くか」

「はい」

部屋を出た後、小声で「助かりました」と頭を下げる野田さんに、桃谷さんは苦笑いしました。

ストーリー　うまくいかない指導①

期の３分の１が過ぎ、天王寺さんは営業管理表をにらみながら考え込んでいました。福島さんは順調に売り上げており、今後の見込み案件の数も悪くありません。一方、桃谷さんはどうにも先が見えません。見込みの数も少なく、このままでは予算を達成できるか怪しいところです。去年は下期に大型案件を引き当てて一発逆転しましたが、毎年そんなことが起こるはずもないでしょう。第一、一発逆転をアテにしていたのでは、チームの業績も見通しが立てられないというものです。天王寺さんは桃谷さんに話を聞いてみることにしました。

営業の進み具合をちょっと確認したいだけだからと、天王寺さんは軽い気持ちで桃谷さんを呼び出しました。

「今期も３分の１が過ぎたが、どうだ見通しは？」

「見通し、と言われるとアレですけど、結構興味を持ってくれるお客さんも増えているので、そのうち大きな案件が出てきますよ。待っていてください」

桃谷さんのおおざっぱな説明に、天王寺さんはついイラッとしてしまいました。

「待っていて、と言われてもな」

「まだ３分の２残っているわけですし、今期のうちにいくつか芽が出て、下期に十分刈り取れると思いますよ」

「具体的に、ちゃんとした見込みがあるんだろうな？」

「ちゃんとしたってほどではないですけど……突然言われても……」

桃谷さんが、口ごもります。

営業管理表には下期に十分刈り取れるというだけの案件は載っていません。天王寺さんは、それを指で叩きながら指導を始めました。

「だったら、管理表に載せてもらわないと。いつも言ってるだろ、少しでも案件化できそうなところがあったら、どんどん報告あげてくれって」

天王寺さんは営業管理表でチームの業績を把握しているので、どんな些細な案件であっても載せてほしいところです。見込み度合いが低いものは確実にしていかなければなりませんし、そもそも合計して目標に到達しないなら、新規を増やすしかないのです。

「まだ営業的なカンというか、そういうレベルなので」

「お前はカンで営業してるのか？　だいたい、今までもそんな調子だから、数字、行ったり、行かなかったりなんじゃないのか？」

管理表の桃谷さんの案件について、詳しい説明を求めましたが、ざっくりした話しか出てきません。それでも天王寺さんは細かくアドバイスをしていきました。

「他にはもうないのか？　まあ、いい。桃谷にも桃谷の強みがあるわけだから、そこを活かして、確実に一歩一歩数字につなげていってほしい。以上」

「はい……」

今の段階で桃谷さんの甘い部分に気づき、きっちり指導できたことに天王寺さんは満足していました。これだけ細かく詰めておけば、管理表に載っている案件は確実になるでしょうし、今後は他の案件についてもきちんと報告してくれるようになるでしょう。

ストーリー　うまくいかない指導②

いよいよ追い込みの時期になり、天王寺さんは営業管理表を前に唸っていました。福島さんは無事に目標を達成できそうですが、それ以上を望むのは難しそうです。桃谷さんと野田さんは、受注確度の低いＢ案件やＣ案件を全部足しても、ギリギリ達成できるかどうかというところでした。天王寺さんの見立てでは、２人とももう少し動けるはずです。きっちり指導すれば、なんとかなるでしょう。

野田さんを呼び出し、一足先に会議室に入った天王寺さんは、ざっくりと報告は受けているものの詳細が見えない案件の確認からだと思いました。そこに不安げな表情の野田さんが入ってきました。

「野田、忙しいところ悪いな。だけどチーム全体に関わる話だから」

「はい……」

「早速だけど、このＡ案件、大丈夫か？」

「ええ。口頭合意はしたので、あとは書面のやり取りになります」

「そうか、口頭合意か……。危ないところはないのか？」

今までの報告では、順調であるという確信が持てずにいたのです。追い込みの時期に、万が一のことがあっては大変です。

「大丈夫……だと思いますけど……」

「思います、じゃ困るんだよな。桃谷みたいなこと言うな。まあいい。本題はＢ以下の案件だ。野田、Ｂ以下の案件、100％取れたら、どのくらいの受注額になるか、計算してるか？」

天王寺さんが心配しているのは目標達成への意識でした。

「えっ？　えっと……」

「だから、それが桃谷みたいだってことだよ。営業は目標達成してこそだぞ。今の野田は、Ｂ案件とＣ案件を全部足してギリギリ100％になる。つまり、どういうことかわかるか？」

「まだ、がんばりが足りないってことです……よね？」

野田さんはうつむいてしまいました。

「がんばりというか、具体的には顧客訪問を増やしてほしい。どこでも期末になると予算の調整が入る。諦めずにそこを狙っていくんだ。もう限界と思ったらそこでゲームオーバーだからな。どうだ？」

このところ野田さんはオフィスでパソコンに向かって作業をしていることが多く、顧客訪問を増やして欲しい天王寺さんは歯がゆい思いをしていました。

「はい、もう少しがんばります……」

「よし、今期のチームの数字はお前にかかってるからな。がんばってくれよ。以上だ。あ、桃谷が戻ってきてたら、呼んできてくれ」

「はい。ありがとうございました」

これだけハッパをかけておけばいいだろうと、天王寺さんは思いました。

野田さんが会議室から戻ると、桃谷さんが声をかけてくれました。

「ずいぶん長かったな……。なんだって？」

「もっと顧客訪問増やすようがんばれってお話でした」

「やっぱりなぁ。期末が近づくにつれ、そんな話ばっかりだからな」

桃谷さんはこれから自分も同じように指導されるのだろうなと想像して、ため息をつきました。

「桃谷先輩、まだ案件リストに載せるなって言ってたお客さま、どうすればいいですか？」

「うん、いいタイミングだな。訪問して、このタイミングで増えるってのがいいんじゃないか。天王寺さんも喜ぶだろ」

「なるほど、そのためのウェイティングなんですね」

野田さんの不安そうな表情が少し緩んだのを見て、桃谷さんはニヤリと笑いました。

「そうだよ。営業は頭で動くんだ。さーて、指導されてくるか」

桃谷さんは天王寺さんの待つ会議室に向かいました。

解　説

天王寺さんがリーダーになった初めの年の“面談の技術”はいかがだったでしょうか。天王寺さんに部下を思いやる気持ちがなかったのでしょうか？　むしろ、やる気に燃えていたといってもよいくらいなのに、なぜうまくいかなかったのでしょうか？

まず、部下と積極的にコミュニケーションを取ろうとしていたものの、行き当たりばったりで思いつきのようでした。部下もいきなり声をかけられ、いつも長い話に付き合わされているというあまり望ましくない印象を持たれてしまいました。コミュニケーションは量も大切ですが、その質も同様に重要です。どうも準備不足のようです。

次に、面談の中身も、「わかってもらいたい、納得させたい」という気持ちばかりが先走って、一方的になってしまっていました。コミュニケーションというのは双方向ですから、これでは、面談を実施する技術の半分も使えていなかったことになりますね。

そして、それ以上にまずかったのは、何が問題なのかを省みず、同じ過ちを繰り返してしまっていたことでしょう。自分のやり方に固執するのがリーダーシップではありません。

その結果、天王寺さんのやる気に反比例するかのように、部下は距離を置くようになり正確な詳しい情報が得られず、チームの営業目標達成も危うい状態です。

つまり、天王寺さんは、面談のPDCA――準備／実施／検証／知見において、どうすればよいかという技術が不足していたのです。

面談の技術を使うには、その背景にあるコミュニケーションに関しての基礎知識も持っていると、状況に合わせて柔軟な対応ができるようになります。

本書では具体例を挙げながら、順を追ってこれらを学習していきます。

2章

面談の技術

1 面談のPDCA
——準備／実施／検証／知見

この章では、面談の基礎的な技術を、準備／実施／検証／知見のそれぞれの段階で必要なことを順に解説します。

さて、あなたにとって面談、つまり部下との一対一のコミュニケーションが必要な時というのは、どのような機会でしょうか？

飲みの席でたまたま隣になったからというような偶発的なものは除き、必要性が感じられて行われる面談というのは、以下の3種類があるでしょう。

【3種類の面談】

A. あなたのほうから必要があって行われる面談
B. 部下やメンバーのほうから必要があって行われる面談
C. 人事制度上や会社の規定などで行わなくてはいけない面談

もちろん、一つの仕事の区切りのいいところで次の話をするなど、お互いに必要だと感じて行われる面談もあります。それは、AとBの両方であると言えるでしょう。いずれにしても、Bでかつ、すぐに話に入らなければいけない場合を除き、準備をしてから臨めるのが面談です。

その準備ですが、始まりはどのタイミングでしょう？ 「面談の必要性を感じた時」というのが事実上の始まりかもしれません。しかし、それではビジネスでは遅すぎることがあり得るのです。

部下がトラブルの相談をしてきた時には、もうずいぶんマズい状態になっているかもしれませんし、「仕事を辞めたいのですが、相談に乗っていただけますか」と言い出してきた時には、すでに心は決まっていて、次の仕事の目星がついているタイミングかもしれません。

「面談の必要性を感じてから」ではなく、常に「今、面談を持つ必要があるだろうか」と目を光らせ、その兆候をキャッチするアンテナを張っておくことが重要です。

- **最近いやに遅くまで残っている／早く帰るようになった**
- **進捗の報告が大雑把で、曖昧に「大丈夫です」になった**
- **同期の飲み会の席で、ずいぶん愚痴をこぼしていたと聞いた**

このような「今までとは違う何か」「ちょっとした違和感」はなかったでしょうか？　それを面談の準備の始まりのポイントとして捉え、「今、面談を持つ必要があるだろうか」と考えるとよいでしょう。

面談の必要があると判断できたら、次は目的を定めるとよいでしょう。

この場合の目的は、「○○について情報を引き出し、自分の考えるリスクについては伝え、最終的には次の行動の合意をとる」などです。

その上で、一般的に言われる TPO（時／場所／場合）を考慮しましょう。朝一番など、じっくり時間を取れる時に、少しオフィシャルに行うのがふさわしい面談もあるでしょう。また、仕事も終わりかけの幾分ほっとした気分の時に、何気なく話しかけたほうがよい面談もあるでしょう。

何がベストかというのは難しい問いですが、少なくとも、TPO を考慮して面談の時と場所とその雰囲気を決めていくと、ベターなものになっていくに違いありません。

2 準備
面談の雰囲気作り

目的が定まったら、それにふさわしい時と場所がいつ・どこかを考え、雰囲気作りをするのが面談前の準備です。この項では、もう少し詳しく見ていきましょう。

そこまでやらなくても、自然体でいいじゃないか、という声が聞こえてきそうです。しかし考えてみてください。あなたは自然体でも、部下のほうは自然体であるかどうかについてはいかがでしょうか。例えば、ちょっと昔、学生だった頃を思い出してください。「○○（あなたの名前）、ちょっと、後で職員室に来い、話があるから」と先生から言われたら、どんな気がしたでしょうか？　たいていの人は「何だろう？」と少し不安に思ったのではないでしょうか？　少なくとも「いや、そりゃ褒めてもらいに行くに決まっているじゃないですか！」と断言する人にはなかなかお目にかかれないと思います。どんなに普段、あなたは親しくしているつもりでも、部下の立場からすると、不安を完全に拭えないことも多いものです。

特に本音や正しい情報を引き出したい時などは、雰囲気作りは重要になってきます。よく「悪い情報ほど、報連相が大切」などと、報連相をさせるほうは言うものです。しかし、悪い情報を出すといかにも大変なことが起きそうな雰囲気では、ウソをつかないまでも、それほど深刻な状況にまでは至っていないように説明をしたくなるのが人の心情でしょう。

そんな心情の時に、追い討ちをかけるように圧迫される感じの雰囲気だったらどうでしょう。誰でも言葉少なになってしまうものです。

ですから、目的に沿って考えた時に、「部下がリラックスして、何でも話してもらえた方がよい」のであれば、そのような雰囲気作りをあなたが準備するのは悪くありません。

では、具体的にはどのように準備をすればよいのでしょうか。

このような場合は、逆に「リラックスできないのは、どんな時だろうか」と発想を転換すると考えやすいものです。

- **部屋が狭いと落ち着かない**
- **周りがあまりにうるさいと、気が散ってしまったり、他の人に話が聞かれるのではないかと気になる**
- **いきなりビジネスライクに本題から入ると、緊張が解けない**
- **雑談ばかりで何の話が始まるのかわからないと、不安感が増す**
- **上司であるあなたの表情が硬かったり、話し方が高圧的だと、口を閉ざしてしまう**

リラックスした雰囲気を作るのなら、この逆を準備すればよいことになります。

- **部屋は広すぎないまでも、十分な広さがあるところを確保する**
- **適度に静かで、プライバシーが守られている場所か確認する**
- **はじめに要件は伝えるが、あくまで柔らかで笑みのある表情で**
- **いきなり本題に入るのではなく、近況など、話しやすい話題から始めるよう促す**

環境によっては、そんなにいろいろな場所から最適なところを選べない、会議室がそんなにたくさんはないという場合もあるでしょう。しかしそんな時でも、対面で座るのか、隣に座るのかで雰囲気は全く変わります。

いつもの会議室だし対面で座らないと不自然だと感じられるかもしれませんが、例えば「この資料の説明をしたいから、こっちに座っていいか？」と言いながら、横や角の席に座り直せば、不自然ではないはずです。

また、コーヒーなど飲み物の有無でも、雰囲気はガラッと変わります。コーヒーサーバーから自由にコーヒーを飲める職場も少なくなってきましたが、少し太っ腹な上司像を醸すなら、「これで２人分、飲み物を買ってきてほしい」と小銭を渡して、自販機で買ってきてもらうというのもありかもしれません。

ここまで、さまざまな選択肢を挙げましたが、必ずしもオープンでリラックスした雰囲気にしなければいけないということではありません。あくまで重要なのは目的で、その手段として、まず雰囲気作りがあるというだけです。

例えば、「会社の人事上の規約が変更になり、相手にとって厳しい内容だけれど、しっかり伝えなければいけない」という場合もあるでしょう。その時には、より堅苦しくフォーマルな感じがする雰囲気作りのほうが「しっかりと内容を理解しよう」という気になってもらえるかもしれません。

いずれにしても、準備の段階では、以下の3点に留意するとよいでしょう。

【面談の準備の段階での留意点】

- 面談の必要性があるかを判断する
- （面談の必要がある場合は）目的を定める
- （目的に応じた）雰囲気作りをする

次ページに、ポイントをまとめたワークシートを用意しました。あなたが直近で行いたいと思っている面談について、考えてみましょう。

面談の雰囲気作りシート

■ 面談の必要性

□仕事や制度上で、面談の必要がある

□今までとは違う、ちょっとした違和感がある

□その他：

■ 面談の目的

□情報を伝える

□情報を聞き出す

□合意を得る

・概要：

■ 面談の雰囲気作り

□フォーマルorオープンでリラックス

□広さや静かさを考慮した場の選択

□適切な本題への入り方

・具体的な準備：

3 実施①
面談のステップ

ここからは、準備が終わり、面談の本題にあたる部分の解説をしていきます。まず、この本題にあたる部分をわかりやすいように、以下の3つのステップに分けます。

【面談のステップ】

▶目的を伝える
▶進め方を伝える
▶完了条件と、そのことのメリットや意義を伝える

❷ エンゲージメント

▶“オープニング”で伝えた進め方を行って、完了条件に達するまでの会話そのもの

❸ クロージング

▶どちらかの、あるいは双方の“次の行動”を確認する
▶今後のサポートの約束を伝える

❶ オープニング

“オープニング”は、面談の目的の会話に入るまでの助走部分と言えます。目的の会話に入る時に、どんな気持ちや認識になっていてほしいかによって工夫が必要です。

すでに雰囲気作りの項でさまざまな選択肢については説明しましたが、どんな場合でも、これだけはきちんとやっておいたほうがよいという項目が3つあります。

▶目的を伝える

まずは、面談の目的を伝えましょう。

例えば「今日は○○の件で、スケジュールの確認と、問題点があれば対策をとって、納期通りに完了できるように進められるようにしたい」などとなります。最低限「何を話題にするのか」を確認できるようにする必要があります。

▶進め方を伝える

続いて、面談の進め方を伝えます。

例えば「まず、元々の計画を確認しよう。それと現状の進捗度合いを教えてほしい。進捗に問題があれば、原因について話し合い、解決策を考えていくという順でいいかな？」などとなります。最近の会議では、アジェンダを必ず参加者全員で確認してから始めるという流れもありますが、一対一の面談でも同様です。

▶完了条件と、そのことのメリットや意義を伝える

そして完了条件とメリットや意義を伝えます。

例えば「今日のゴールとしては、情報が正しく共有できていることが第一で、もし問題があればそれが全部棚卸しされて、その解決策についてお互いのやるべきことがはっきりすればOK。それによって効率的に進められるようになるし、何よりお互いの不安がなくなるのがいい」などとなります。

❷エンゲージメント

“エンゲージメント”は、面談の目的となる会話のメインとなる部分です。

▶“オープニング”で伝えた進め方を行って、完了条件に達するまでの会話そのもの

“オープニング”で伝えた面談の進め方に沿って、完了条件まで会話を進めましょう。

具体的にどのような順番で話を進めていけばよいかについては、面談の目的によって異なるので、この後詳しく扱っていきます。

❸ クロージング

面談の最後に行うのは“クロージング”です。

エンゲージメントで面談の完了条件に達していたとしても、きちんとクロージングを行うことが大切です。

▶どちらかの、あるいは双方の“次の行動”を確認する

面談の目的で説明した通り、面談はビジネスコミュニケーションなのですから、最後にもう一度、どちらかの、あるいは双方の“次の行動”を確認しましょう。

例えば「木曜日までに資料を作ってもらって、金曜日に2人で内容を確認しよう」などとなります。

▶今後のサポートの約束を伝える

そして、今後のサポートの約束を伝えます。「終わりよければすべてよし」という言葉がありますが、一対一のコミュニケーションの貴重な機会ですので、部下の信頼感や安心感を得るための要素として、次の項目も活用していくとよいでしょう。

例えば「作業をしていてわからない点があったら、すぐに相談してほしい」などとなります。

4 実施②
面談に必要なコミュニケーションのスキル

この項では、“伝える面談”、“聞く面談”、“合意する面談”を効果的に進めるための、基礎的なコミュニケーションのスキルについて扱います。具体的には**伝え方、問い方、聴き方**の3点について解説します。

■ 伝え方

同じことを伝えるのに、聴き手がよく理解できるよう、とてもうまく伝えることができる人がいる反面、「何を言いたいのかわからないなぁ」と思われてしまう人がいます。

面談では高度なプレゼンテーションスキルまでは必要ありませんが、最低限の“伝えたいことが伝わる”ポイントを2点、お伝えします。

まず、話す速さについてです。話す速さというのは驚くほど人によって異なるものです。そのペースが自分に合わないと、早口すぎてよくわからないとか、のんびりすぎてイライラしてしまうということが起きます。特に問題になるのは、聴き手よりも話し手のペースが著しく速い場合です。話を聞いて理解するというのは、脳の情報処理によって行われています。この情報処理のスピードには個人差があります。あなたと同じレベルで、相手ができるとは限りません。あなたが速い話し手だった場合、もしかすると相手はすべてを理解しないまま、あなたの話を流しているかもしれないのです。では、どのようにしたら、相手の情報処理のスピードを知り、それに合わせることができるでしょうか？

一番簡単で確実な方法は、相手の話す速さに合わせるということです。相手がいつもあなたと同じテンポ感で話しているのであれば、ペースについて考える必要はありません。しかし、あなたとは異なるテンポ感、特にゆっくり目であった時には、相手に合わせていくとよいでしょう。これはコミュニケーションの重要なテクニックの一つで"ペーシング"と呼ばれています。

聴き手の理解ということを考える上で、もう一つ重要なポイントがあります。それは間の取り方です。言葉は届いているのに全然頭に入ってこない様子を、よく「お経のようだ」と言ったりします。お経には間がないということが原因の一つでしょう。先ほど、人の情報処理のスピードの話をしましたが、人の情報処理の量にも個人差があります。人は間のところまで情報を溜め込んで、間が入ったタイミングで「今までの話はこういうことか」と理解します。多くの情報を一気に処理できる人もいれば、一つひとつ理解を積み重ねていかないと混乱してしまう人もいます。ところが、相手の情報処理の量を事前に知ることは難しいものです。

したがって、まず間を取ることが大切で、その時に表情などから理解を確認するというプラスアルファがあると、相手の理解の取りこぼしがなくなります。

まとめると、速さの観点では、ペーシングで相手の普段の話し方のスピードに合わせる。間の観点では、適宜間をとり、その度に理解を確認するというのが、伝え方のポイントになります。

【伝え方のポイント】

- 速さ　ペーシングでスピードを合わせる
- 間　　適宜間をとり、理解を確認する

■ 問い方

問いはさまざまな場面で会話をリードします。よく「話し上手は聞き上手」などと言いますが、この聞き上手というのは、うまく問いを繰り出して、話題を引き出すということと、うまい聴き方をして、話をはずませるという両方の要素を含んでいます。ここでは、まず上手な問い方について解説していきます。

日本人は、自分の知りたいことズバリの問いをするということにあまり慣れていません。「あうんの呼吸」と言いますが、多少質問の焦点がぼやけていたり言葉足らずであったりしても、答える側が「こういうことを知りたいのかな」と推測して答えてしまうので、会話として成立してしまうことが多いためです。例えば「ご出身は？」と言われた側は、勝手に「どこですか？」を補い、しかも出身だけでなく「生まれは○○なんですが、父の仕事の都合ですぐに△△に引っ越しちゃったので、○○の記憶ってぜんぜんないんですよね」などと、プラスアルファの情報を付け加えることは珍しいことではありません。さらに、ビジネスの場面で上司—部下の関係だと、「〜〜について説明してほしい」という指示だけでも、仕事は回ってしまうので、ますます問いからは遠ざかってしまうようです。

しかし、より詳しい情報を得ようとしたり、部下の感情面までつかもうとするなら、しっかりと自分の知りたいことズバリの問いが作れたほうがよいに越したことはありません。

例えば、仕事の進捗であれば「予定通り終わるのか？」「今日のところまでで、計画ではどこまで進んでいるはずだったのか？」「計画に対して、実際はどこまで終わっているのか？」「予定通りでないとすると、納期はいつになってしまう見込みなのか？」「何か支援してほしいことはないか？」などと、しっかりと知りたいことに対して、ズバリの情報を引き出す問いを投げかけると、情報の共有漏れは大幅に減ることでしょう。

でも、知りたいことズバリの問いばかりを投げかけていたら、問い詰める感じになってしまわないか、気になる人もいるかもしれません。また、例えば、知りたいことが部下のプライベートに関わることや感情面のことだと、もしかすると「それって今話さないといけないことですか？」と拒否されてしまうおそれを感じるのも理解できます。

こんな時、しっかりと知りたい情報を引き出す問いと、答えやすい問いをセットで使うとよいでしょう。答えやすい問いとは、問われた側がその答えをよく知っていて、さらにそれを伝えることにリスクを感じないで済む問いです。例えば、「出身は何県だっけ？」という問いは、一般的には問われた側にリスクを感じさせないものといえるでしょう。また、問いは順番を変えるだけでも答えやすくなったり、答えにくくなったりします。例えば、先述した進捗に関しての問いも「今日のところまでで、計画ではどこまで進んでいるはずだったのか？」「計画に対して、実際はどこまで終わっているのか？」「何か支援してほしいことはないか？」という順番で問われた後に、「で、正直、予定通り終わるのか？」と問われたら、ずいぶん印象も変わるでしょう。

まとめると、まず答えやすい問いから始め、だんだんに知りたい情報を引き出す問いにしていくという順番で、会話を組み立てていくとよいでしょう。

また単純に、本題とは関係ないけれど、緊張感を下げるために他愛もない答えやすい問いから入っていくというのもよい方法です。例えば、事前に相手がラーメン好きであることを知っていれば、「最近、どんなラーメンが流行ってる？　オススメの店はどこ？」などという会話も、相手のこの場で話す気持ちを後押しし、本題に入った時により詳しい情報を引き出す助けになるでしょう。

ここで気をつけたいのは、問いのようでいて問いでない、いわば強要する問いというものを、知らず知らずのうちに発してしまうことです。例えば、「○○はなんで終わっていないんだ？」（早くやれ！）「○○にも取り組んだらどうだ？」（やらないという選択肢はないけどな）などです。文法上は問いでも、相手は威圧感を覚え、強要されたと感じるでしょう。問いは自然な形で話題をリードし、スムーズに相手からの情報を引き出せる強力なツールですから、上手に使いこなしたいものです。

【問い方のポイント】

- 答えやすい問い　→　情報を引き出す問い
- NG　：　強要する問い

■ 聴き方

聞き上手のもう一つの要素、“うまい聴き方をして、話をはずませる”ということについて解説しましょう。ここで、“きく”として2つの漢字を使い分けていることにお気づきでしょうか？

一つは“聴く”で、本書では意識して、相手から見て「この人はちゃんときいてくれているんだな」とわかるようにきくという意味で、“聴く”を使っていきます。

もう一つの“聞く”は、先述したように“問う”と“聴く”の両方の要素を含むものとして使っています。

さて、「この人はちゃんと聴いてくれているんだな」と相手にわかるような聴き方ですが、逆に全然聴いてくれてないと思われてしまうのはどのような時でしょうか？

こちらが話しているのに、書類を見るなど別のことをし始める、あいづちなどを全く入れてくれない、「ところで」など話の途中で話題を変えてしまうなどなど。そんな時、相手は「どうせ聴いてくれないなら、話してもムダかな」とか「さっさと自分の言いたいことだけ話して、切り上げてくれればいいのに」と思ってしまうでしょう。そうなると、実りある面談の時間とならないのは自明です。

逆に、効果的な聴き方は話をはずませます。相手の話したい気持ちや建設的に話を進めていこうという気持ちを引き出し、実りある面談をサポートしてくれるでしょう。そのポイントは言葉による聴き方と、態度による聴き方です。

まず、「この人はちゃんと聴いてくれているんだな」とわかる言葉というのは、どのようなものでしょうか？

「なるほど」とか「そうだったのか」とか「うんうん」など、あいづちと言われるものがまずあるでしょう。また、さらに相手の言葉をそのままおうむ返しして「なるほど○○か」とか「○○だったのか」と言うのも効果的です。

次に、「この人はちゃんと聴いてくれているんだな」とわかる態度というのは、どのようなものでしょうか？

うなずくというのが一番わかりやすいものですが、それだけでなく、内容に合わせて驚きの表情を見せるなどもあるかもしれません。身を乗り出してとまではいかなくても、重心を前にして聴く、視線をきっちりと合わせるなども効果的です。

このような言葉や態度によって「この人はちゃんと聴いてくれているんだな」と思ってもらえれば、聴き方は満点です。

場合によっては、あなたが想定した以上のことを話してくれて、より充実した面談になる可能性もあります。

【聴き方のポイント】

- 言葉　あいづちの言葉、おうむ返しを使う
- 態度　うなずく、視線を合わせる
- NG　：　話を遮る、腰を折る

面談の実施にあたっては、このように上手な伝え方、問い方、聴き方を使うことで、その目的を全うすることができることでしょう。

実施③

5 伝える面談のポイント

伝える面談では、情報の発信主体は上司であるあなた、受け手は部下ということになります。このような面談の完了条件は、単に“伝えた”ではないことに注意が必要です。

当然のことですが、相手である部下がその内容を“理解した”ことが完了条件でなければ、コミュニケーションが成立しているとは言えません。

理解というのはよく使う言葉ですが、実際は曖昧さを伴っていますし、場合によっては難しいと感じられるものです。より単純化して考え、相手に理解した内容を説明してもらい、それをあなたが理解していると感じられたらOKとするのが、ゴールとしてシンプルでよいでしょう。

ここでは、人事制度の変更を伝え、取得資格を改めて登録する書類を提出してもらうために行う面談を例にとって、具体的に伝える面談のステップを見ていきましょう。

❶ オープニング

オープニングでは、以下の点を伝えます。

- **目的を伝える**
- **進め方を伝える**
- **完了条件と、そのことの部下本人のメリットや意義を伝える**

この場合、オフィシャルな目的は人事部などから発信されているでしょう。「○○のために人事制度を変更する」などです。それをそのまま伝えても問題ありません。

進め方を伝える時は、「まず、人事制度上の変更点については、こちらから伝えるが、わかりにくいところがあれば質問してほしい」、そして「一応、伝え方や説明が悪くて誤解があるといけないので、後で自分の言葉で説明し直してもらう」ことまで含めて伝えましょう。

これを事前に伝えておくことで「しっかり理解しながら聞こう」という気持ちが生まれるので効果的です。また、この例では「書類の提出についての確認をする」ことも、進め方の一つに含めておくとよいでしょう。

最後に完了条件とメリット・意義ですが、これは目的よりも一歩踏み込んで、相手に最もピッタリくるものを提示できることが望ましいと言えます。この例では「人事制度の変更点と提出書類の書き方が理解できていればOK」と完了条件を伝えた上で「きちんと書類を提出しておくことで、これまで評価の対象外だった資格なども給与に反映される可能性もあるから、よろしく」など、相手が「それはちゃんと面談に臨まないと」と思えるようなことをメリット・意義として伝えるとよいでしょう。

❷ エンゲージメント

ステップはオープニングでの進め方で前述した通りですが、もう一度整理すると、伝える面談では以下のことが基本的な流れになります。

- **▶理解してもらいたい内容をわかりやすく伝える**
- **▶わかりにくい点について質問に答える**
- **▶どのように理解したか、説明してもらう**

人事制度の変更点という内容だと、あなたには答えられない質問が出るかもしれません。しかし「聞かれてもわからないので、質問は受け付けない」と突き放してしまうのではなく、「自分では答えられないこともあるかもしれないが、一応質問してみてほしい」というオープンな姿勢を伝えることも、質の高いコミュニケーションを実現するためには重要です。

❸ クロージング

クロージングでは以下のことを行いましょう。

▶"次の行動" を確認する

▶今後のサポートの約束を伝える

どのようなタイプの面談でも必要なことですが、ここでは「制度にしたがって提出書類を書き上げ提出する」ということが、相手側の"次の行動"ということになります。

その後に「上司としてアピールポイントにヌケ・モレがないかチェックしてから人事に出す」という、さらに次の行動も伝えておくと、「期日までに提出しよう」という気持ちを促すこともできるでしょう。

また、この例でサポートの約束を伝えるとしたら「いざ書こうとしたら忘れていた、ということもあるかもしれないので、その時は遠慮なく質問してほしい」ということを付け加えてはいかがでしょうか。

いつでもコミュニケーションを歓迎している、という姿勢を見せることで、上司としての頼もしさもあわせて伝えることができるでしょう。

以上が伝える面談の基本的なステップです。実際はその時の話の流れで前後することもあるでしょう。しかし、メリット・意義を伝えることや質問を受け付けることなど、意識していないと省略してしまいがちな点を、忘れずにきっちり行うことで、より確実なコミュニケーションをとることができるようになります。

【伝える面談のステップ】

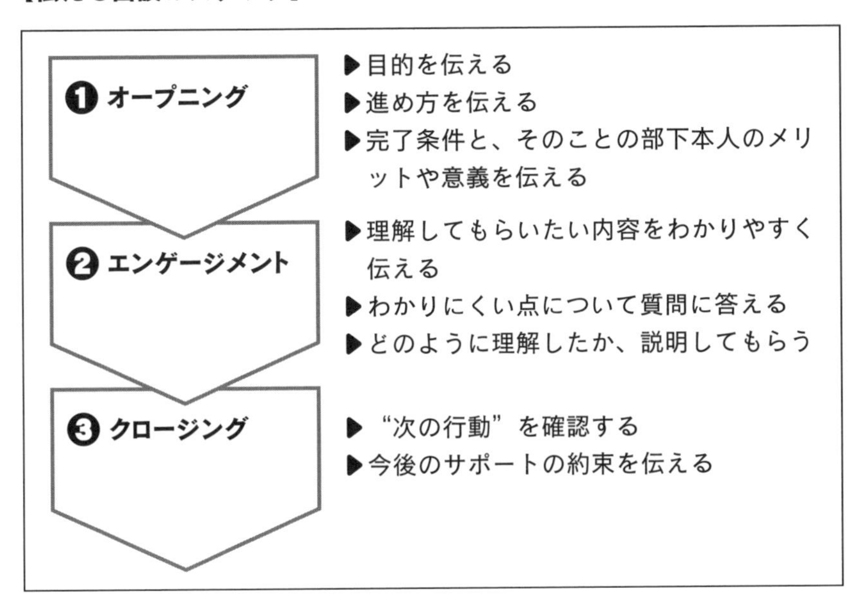
❶ オープニング
▶目的を伝える
▶進め方を伝える
▶完了条件と、そのことの部下本人のメリットや意義を伝える
❷ エンゲージメント
▶理解してもらいたい内容をわかりやすく伝える
▶わかりにくい点について質問に答える
▶どのように理解したか、説明してもらう
❸ クロージング
▶"次の行動"を確認する
▶今後のサポートの約束を伝える

6 実施④ 聞く面談のポイント

聞く面談では、部下が情報の発信主体で、上司であるあなたは受け手ということになります。この場合の一番の留意点は、情報を発信する選択権は部下にあるので、必要な情報のすべてを、あなたが得られないリスクがあるということです。

例えば「何か問題はないか」と質問した時、あなたから見ると問題であることが発生しているにもかかわらず、部下が問題だと感じていなければ「問題ありません」と答えるでしょう。また、例え部下自身も問題だと感じていても、“今、上司であるあなたにそのことを言うのは得策ではない。もう少し自分でがんばって問題解消のメドが立ったら報告しよう”と考えたなら「大きな問題はありません」というような答え方をするかもしれません。

したがって聞く面談では、伝える面談以上に部下が、安心して話せると感じられるような雰囲気作りが重要になってきます。また、単に「○○について話してほしい」という言い方ではなく、「○○の進捗は、どこまで進んでいる？」と、質問を使って情報を引き出すことも必要です。

さらに聞いた情報に対して、あなたの理解が正しいかを確認する意味で「○○ということかな？」と繰り返すことも、確実なコミュニケーションを取る上で忘れてはいけません。

以上のことから、管理部門として集めなければいけない、コンプライアンス関係の確認書類の提出状況を確認するために行う面談を例にとって、具体的に聞く面談のステップを見ていきましょう。

❶ オープニング

オープニングでは、以下の点を伝えましょう。

▶目的として、ここで得た情報をどのように使うのかを伝える
▶進め方を伝える
▶完了条件と、そのことの部下本人のメリットや意義を伝える

目的として伝えなければならないのは、あなたがこの面談の後、そこで得た情報をどのように使うのかです。特に内容によっては、あなたが重要な判断をしたり、迅速な対応をしたりすることがありえる時はなおさらです。

この場合は「コンプライアンス関係の確認書類の提出状況について確認したいため」と伝えた上で「提出率が思わしくない時は、各部門のマネージャーにかけ合って、メンバーの提出を促してもらうことも考える」などと付け加えることになります。あなたの“次の行動”をはじめに提示しておくことで、勘のいい部下なら適切な情報を話してくれるでしょう。

進め方は、基本的には伝える面談の話し手と聞き手を入れ替えた形になります。あなたが聞き手の場合は、最後に理解をまとめて伝えるのではなく、部下が話してくれたことに対して、一つひとつすぐに理解を確認するほうが効果的です。したがって、この場合なら「まず状況を教えてほしい、特に提出率が悪い部署があったらその情報も」と得たい情報に焦点を合わせます。その上で「より詳しく聞きたいことがあれば質問するので、できるだけ正確に答えてほしい」という2つ目を伝えます。

また、せっかく情報を直接得られる機会ですから「その他、気になることがあれば話してほしい」と3つ目を加えれば、情報のヌケ・モレを最小限にすることができます。

完了条件と、メリット・意義のメリットは要注意です。できるだけ部下本人がメリットと感じることを伝えて「だったら、ちゃんとした情報を伝えよう」と思ってもらうのが得策です。この例では「適切な判断ができる」

のはあなたのメリットでしかありません。例えば「状況がわかれば、早め早めに対策を打てるようになるから、スムーズに仕事を進めることができるんじゃないかな」という言い方ができるでしょう。

❷エンゲージメント

ステップはオープニングでの進め方で前述した通りですが、もう一度整理すると聞く面談の基本的な流れは、以下のようになります。

▶あなたが得たい情報について話してもらう
▶より詳しく知りたいことについて質問し、答えてもらう
▶その他、気になることや話し足りないことを話してもらう

情報を整理して話すのがうまい部下なら、質問はそれほどしなくてよいかもしれません。しかし、どちらかといえば思いつきで話すような部下であれば、質問には工夫が必要です。質問は、次のような順番で掘り下げていくことが基本です。

- **知っていることの確認から、知らないことへ**
- **答えやすいものから、考えたり確認したりすることが必要なことへ**
- **コミュニケーションの深度の浅い方から、深い方へ**

この例では「今の時点での提出状況は、全体で何割くらい？」というのは答えやすい質問ですが、「最も提出状況が悪い部署はどこで、何％？」というのは確認しないと答えにくいため、詳細情報を引き出す質問ということになります。

また、一つひとつの情報に対して「なるほど」「そうか」など、あいづちを打ったり「つまり○○という理解で合ってる？」とシンプルな言葉で言い換えたり「整理すると○○ということかな？」というように、まとめてあげたりすることも大切です。これを傾聴といいます。より確実なコミュニケーションを取ることができるだけでなく、「とても丁寧に聴いてくれているし、もっと話そう／話したい」という相手の気持ちを引き出せるということも、見逃せない効用です。

❸ クロージング

ここでも、以下２つのステップが基本になります。

▶“次の行動”を確認する
▶今後のサポートの約束を伝える

情報を提供した方としては「その情報は意味あるものとして使われているのだろうか」ということが気になるものです。また「自分の提供した情報が役に立った」ということになれば、「次も積極的に話そう」という気持ちになるでしょう。

したがって、ここでの“次の行動”は、情報を提供してもらったあなたの行動が含まれているのが自然です。もちろん、あなたが質問したことに対して即答できない内容に関しては、相手が調べたり確認したりということもありえるでしょう。

この場合、双方の“次の行動”が定義されることになります。この例では「わかった、提出状況の極端に悪い3つの部署については、そこのマネージャーに釘を刺しておくよ」と自分の行動を確認した上で、「次回のマネージャー会議で要望があったら渡せるようにしたいから、今週の金曜日締めで未提出者リストを部署ごとに作ってくれないか」と相手の行動も定義するなどです。

以上が聞く面談の基本的なステップです。繰り返しにはなりますが、情報を発信する選択権は部下にあるわけですから、うまく質問をし、しっかりと傾聴して、あなたが必要な情報のすべてを得た上で、部下側からも「今日は話せてよかった」とか「○○さん（あなたのことです）は聞き上手だな」とか、満足度の高い前向きな感想を持ってもらえるよう促せるとよいでしょう。

【聞く面談のステップ】

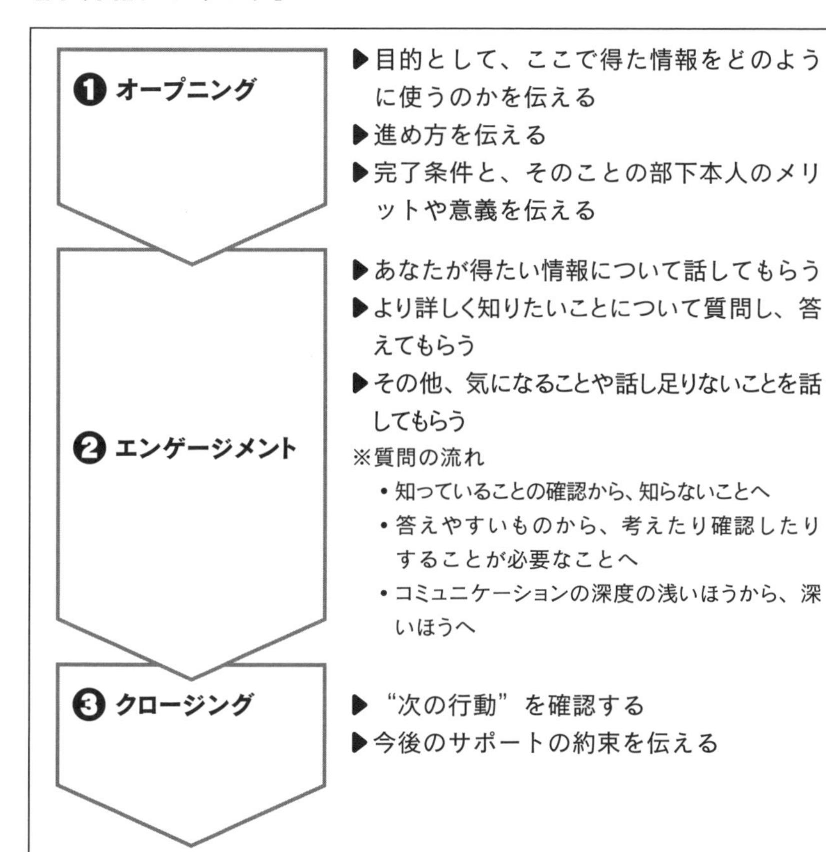
❶ オープニング
▶目的として、ここで得た情報をどのように使うのかを伝える
▶進め方を伝える
▶完了条件と、そのことの部下本人のメリットや意義を伝える
❷ エンゲージメント
▶あなたが得たい情報について話してもらう
▶より詳しく知りたいことについて質問し、答えてもらう
▶その他、気になることや話し足りないことを話してもらう
※質問の流れ
・知っていることの確認から、知らないことへ
・答えやすいものから、考えたり確認したりすることが必要なことへ
・コミュニケーションの深度の浅いほうから、深いほうへ
❸ クロージング
▶“次の行動”を確認する
▶今後のサポートの約束を伝える

7 実施⑤

合意する面談のポイント

合意する面談は、伝える面談と聞く面談の両方の要素が含まれている面談といえます。まず上司であるあなたが伝え、部下に理解してもらわなくてはいけない情報があります。それだけでなく、あなたが得ていない情報について、部下から話してもらわなければなりません。その2つから、新たな合意を作っていくことになります。

このタイプの面談で重要なことは、単に伝えたことを相手に納得させるというものではないということです（それは伝える面談ですね）。

北風と太陽という有名なイソップ寓話がありますが、相手に何がなんでも自分の伝えたことを納得させようという考えで、面談に臨んだとしましょう。そんな気持ちが伝わることで、ますます相手はかたくなになり、納得を得にくくなるものです。

こちらの伝えなければいけないことは理解してもらうが、相手の話も聞き、お互いの情報や気持ちを取り入れた、双方の納得がいく新しい結論を導かねばなりません。

以上のことから、ここではプロジェクト上、情報共有を今以上に密にしなければいけないが、どのようにしたらよいかを具体的に決めるために行う面談を例に取って、合意する面談のステップを見ていきましょう。

❶ オープニング

オープニングでは、以下の点を伝えましょう。

- **▶目的を伝える**
- **▶進め方を伝える**
- **▶完了条件と、互い／組織のメリットや意義を伝える**

"合意する面談" の目的を伝える時の言い方としては、「お互いの課題を、お互いで解決する方法を考え、決めるため」と言う方法があるでしょう。この場合は「プロジェクトはこれからますます大変になると思うので、なんとか乗り越えられるよう、お互いの情報共有をより密にする方法を考えて決めたい」などと言えるでしょう。

進め方はいろいろ考えられますが、以下のようなパターンになります。

- **相手が話す　→　こちらが話す**
- **こちらが話す　→　相手が話す**
- **こちらが話して課題共有　→　一緒にアイデアを出し合う**

いずれにしても、双方が話し、双方が聞くという機会があり、その後で合意事項を決めるというプロセスを、あらかじめ了解しておくことが大切です。

完了条件とメリット・意義については、内容が双方の課題についてであれば、相手のメリットとこちらのメリットの、両方を確認するのが自然でしょう。

さらに上司としての視野の広さを示したい場合は、こちらのメリットではなく「組織としてのメリット」を話すという方法もあります。

いずれにしても、"相手のメリット" は忘れないようにしたいものです。この例では「コミュニケーションの具体的方法をちゃんと決めておけば、そこにムダに時間をかけたり、気を煩わせたりすることもなくなるし、プロジェクトも成功させることができると思う」という言い方などができるでしょう。

❷ エンゲージメント

いろいろな進め方があることは前述しましたが、コミュニケーションの取り方の基本をまとめると次のようになります。

- **わかりやすく伝え、理解を確認すること（伝える面談と同じ）**
- **質問を工夫し、傾聴すること（聞く面談と同じ）**
- **その上でお互いにアイデアを出し合い、双方納得のいく合意を新たに生み出すこと**

したがって、進め方は以下のようなものが考えられるでしょう。

〈自分から話し始める場合〉

▶こちらが伝えたい内容を話し、理解を確認する
▶相手の言いたいことを話してもらい、こちらの理解を確認する
▶新たな合意できる内容について、アイデアを出し合いながら決める

〈相手から話してもらう場合〉

▶まず相手に言いたいことを話してもらい、こちらの理解を確認する
▶こちらの伝えたい内容を話し、理解を確認する
▶新たな合意できる内容について、アイデアを出し合いながら決める

いずれにしても、「どちらかの考え」で決めるのではなく「新しい合意をこの場で生みだす」という姿勢が大切です。

❸ クロージング

合意が生みだされたら、クロージングは伝える面談や聞く面談と同様です。

▶“次の行動”を確認する
▶今後のサポートの約束を伝える

さらに合意を得るために時間がかかったとすれば、もうひとつ付け加えるとよいでしょう。

▶時間をかけて合意を生み出せた感謝を伝える

これにより「時間をかけて話し合えてよかった」という部下の気持ちを引き出し、「次回からも面談の時は協力的な姿勢で臨もう」という考えを促すことができるでしょう。

【合意する面談のステップ】

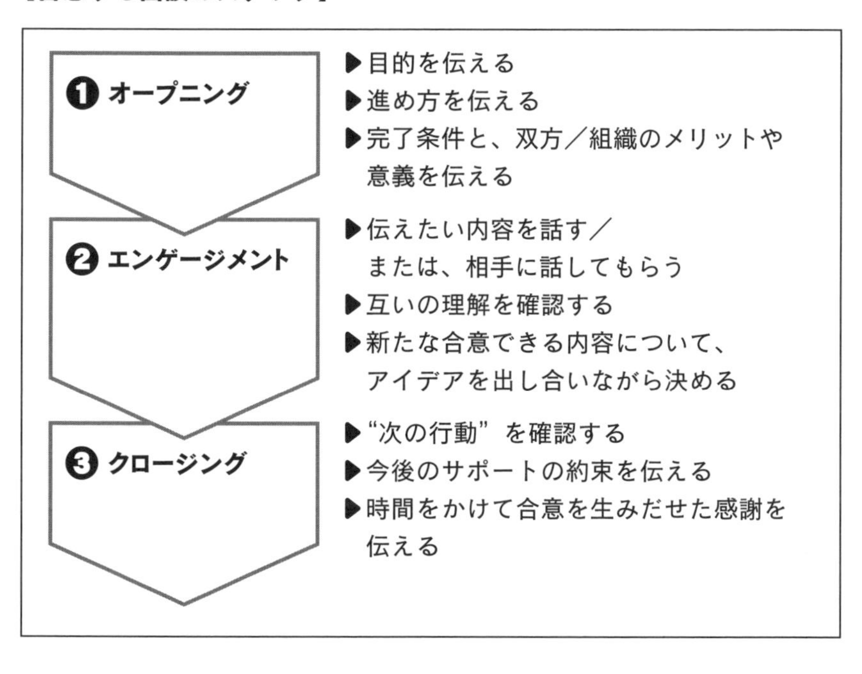

8 実施⑥
より深いコミュニケーションのために
——相手の興味／関心事に焦点を当てる

コミュニケーションは、そもそもどのようにして生まれたのでしょうか？　さまざまな学説がありますが、生物の進化から考える説明では、コミュニケーションは、まず同じ種（仲間）に危険を知らせることから始まったとすることが多いようです。また、アリの行列のコミュニケーションを観察してみると、こちらは危険ではなく、食べ物に関してのコミュニケーションが活発なように見えます。

いずれにしても自分にとってのリスク、あるいは自分にとってのメリットに関して、生物はコミュニケーションをとろうとします。そのことは地球上の生物の一員である人間でも同じです。しかも、現代ではインターネットなどの発展により、一人を取りまく情報は際限なく多くなり続けているといわれています。

それのためヒトの脳は、自分とは関係のない情報を捨てるような働きをします。例えば、ほどよく混んだ電車の中では、人の話し声、イヤフォンから漏れる音楽、ゲームの操作音などの音が聴こえるでしょう。また、新聞を読む人、スマホで何かをチェックしている人、吊り広告、次の停車駅の案内、そして移り変わる車窓の風景などが目に入るのではないでしょうか。それらの情報を、ヒトは捨てながら電車に乗っているのです。

それらを全部処理していたら、15分電車に乗るだけでぐったりと疲れてしまうでしょう。会議や面談での場でも同じです。そこで話される内容のうち、脳は自分に関係のある情報だけを、真面目に取り入れようとします。

また自分には関係がないと思われる情報は、悪気なく捨てていきます。したがって、あなたが重要だと思う内容については、相手にとっても「とても関係のある情報だ」と感じてもらわなければいけません。

ここで大切なことは、あなたにとって重要なことが、必ずしも相手にとって重要なことではない可能性があるということです。子供だけでなく、最近ではあらゆる世代の人が「自分の大切に思っている趣味のものを家族に捨てられてしまった」と嘆くことを耳にするようになりました。

ビジネスの場で、上司であるあなたには組織の目標達成は至上命題かもしれません。しかし、部下は自分のキャリアアップにしか興味がないかもしれないのです。

それだけに、相手の興味や関心事に焦点を当てて、あるいは結びつけて会話を進めるということが必要になるのです。

そんな面倒な……という感じを受けるかもしれません。しかし、会議の場などに比べれば、面談の場で相手の興味や関心事に合わせていくことは、はるかに容易です。なぜなら、その相手は目の前の一人しかいないのですから。

確かに、世代や職種や経歴が異なる相手だと、相手の興味や関心事は考えにくいかもしれません。一般的な関心の傾向としては、以下のようなものが挙げられるでしょう。

- **営業部門の人は、売上など直近の数字に貢献するか**
- **技術部門の人は、新技術を適用した時に確実にそれが機能するか**
- **管理部門の人は、ルールや制度がうまく動いているか**
- **マネージャーは、自分の組織が目標達成できるか**
- **若手は、自分のキャリアアップにつながるか**

また、一昔前までは性別によって、以下のようなことが一般的な関心事であるとされてきました。

- **男性は出世できるか**
- **女性はプライベートと仕事をどのように両立させるか**

このようなステレオタイプな考え方も、発想の出発点としては役に立つでしょう。その上で「目の前にいる部下はどうか？」と考えていくと、相手の興味や関心事について、絞り込みができてくるのではないでしょうか。

そして、それらをオープニングのメリットや意義や、クロージングでのサポートなどに積極的に盛り込んでいくのです。

例えば、新技術に興味がある相手なら「新たな挑戦ができる可能性を探れる」、自分の成長に興味がある相手なら「興味がある分野の仕事を優先させることができる」といったことが、メリットや意義に感じるかもしれません。

また、ワークライフバランスに興味がある相手なら「不意な残業にならないために、できる限りサポートする」と言えば、素晴らしい上司だと思うことでしょう。

そのような少しの気配りにより、面談時に「これはちゃんと理解しておかないと」とか「詳しく状況や思いを伝えたい」という部下の気持ちを引き出すのです。そして、より深いコミュニケーションを取ることができるようになるでしょう。

さて、ここまで学んできた内容をもとに、あなたの行う面談について考えてみましょう。

27ページの「面談の目的　整理シート」を確認し、面談の種類に合わせて、何をどのように伝えたらよいか、整理しましょう。

面談シート〈伝える面談〉

❶ オープニング	目的を伝える
	進め方を伝える
	完了条件と、そのことの部下本人のメリットや意義を伝える

▼

❷ エンゲージメント	理解してもらいたい内容をわかりやすく
	わかりにくい点について質問に答える
	どのように理解したか、説明してもらう

▼

❸ クロージング	“次の行動”を確認する
	今後のサポートの約束を伝える

面談シート〈聞く面談〉

❶ オープニング	目的として、ここで得た情報をどのように使うのかを伝える
	進め方を伝える
	完了条件と、そのことの部下本人のメリットや意義を伝える

▼

❷ エンゲージメント	あなたが得たい情報について話してもらう
	より詳しく知りたいことについて質問し、答えてもらう
	その他、気になることや話し足りないことを話してもらう

▼

❸ クロージング	“次の行動”を確認する
	今後のサポートの約束を伝える

面談シート〈合意する面談〉

❶ オープニング	目的を伝える
	進め方を伝える
	完了条件と、互い／組織のメリットや意義を伝える

❷ エンゲージメント	伝えたい内容を話す／または、相手に話してもらう
	互いの理解を確認する
	新たな合意できる内容について、アイデアを出し合いながら決める

❸ クロージング	“次の行動”を確認する
	今後のサポートの約束を伝える
	時間をかけて合意を生みだせた感謝を伝える

ストーリー　部下の話を聞いて合意する

天王寺さんが部下を持つようになって１年が過ぎました。１年目の業績は、個人で天王寺さんと福島さんが達成しているものの、チームとしての達成率は86％でした。高槻部長からは「部下をうまく使えよ」と注意されています。部下の桃谷さんには「声かけしてくれるけど行き当たりばったりで、こっちの話は聞いてくれないし、言いたいことばかり言う」と言われてしまい、天王寺さんは自分の指導方法を反省しました。

今年は新たに「ソリューション営業への転換」という課題が加わりました。まずは本人の話を聞いた上で、一緒に営業計画を立て、サポートしていこうと考えました。

まずは桃谷さんとの面談です。

「今日は、桃谷の基本的な営業計画について話し合いたい。どのように数字を達成していくのかという計画だ」

「はい」

去年は目標が達成できていなかったからか、桃谷さんは神妙な顔で座っています。

「まず、どんな計画で数字を達成していこうとするのか話してほしい。次にいくつか質問や確認をさせてもらう。桃谷の考えをしっかりと知りたいという意図だから、ちゃんと答えてほしい。十分に桃谷の考えが理解できたら、その上でこちらのアイデアも付け加えさせてもらおうと思う。最終的には、桃谷が『これでいける』と思えて、迷いなく動けるプランができたら、お互いにハッピーだろ」

「それは助かります！　よろしくお願いします」

天王寺さんは面談の目的、進め方、メリットを伝えたことで、桃谷さんが面談に少し前向きになったのを感じました。

「それじゃあ早速だが、どんな計画で数字を達成していくんだ？」

桃谷さんが計画について一通り説明してくれました。

「これで全部数字を足すと、一応目標ということで……」
「うん。荒削りな部分はあるけれど、つじつまは合っているな。それでだ」
いつもなら天王寺さんは細かくアドバイスをしていくのですが、今日は質問をすると決めていました。
「既存顧客の額が大きい３つについて、誰が、どのように言っているのか、具体的に教えてくれないか？」
ちょっと意外そうな表情をしてから、桃谷さんは質問に答えてくれました。
「うーん、そうすると、この金額と確率、ちょっと大きすぎじゃないか？　どう思う？」
「そうですねぇ。イロハ産業のＢ判定は言いすぎでした。あとは問題ないですか？」
「ああ。さて、その減ってしまった分をどうしようか？」
天王寺さんは桃谷さんが答えるのをじっと待っています。
「やっぱり、ソリューション営業に力を入れたいというとこですかね……。これでいけそうかな……いける気がしてきました」
桃谷さんはいくつか計画表の数字をいじって、天王寺さんに見せました。
「それはよかった。まず、今月はどうする？」
「今月は既存顧客と新規の訪問を50：50にして、この計画の実行精度を高めたいと思います」
「よし、がんばってくれよ！　うちのチームの未来は桃谷にかかってるからな」
「はい！」
計画もでき、よい雰囲気で面談は終わりました。天王寺さんも手ごたえを感じました。

9 検証
部下の様子を観察する

どのような技術も、一朝一夕には身につくものではありません。野球やサッカーなどのスポーツ、音楽や美術などの芸術、武道や茶道などの道を究めるもの、そして面談もまたしかりです。どのような分野でも一流は、決してやりっぱなしで終わらせることはありません。そのような人たちが一流になっていくものですし、またそのような人たちだからこそ、一流になってなお、一つひとつのことを終えたのちの振り返り、すなわちPDCAのCとAのステップを欠かさないものです。

振り返りは、まず起こったことを検証し、その情報から知見を導き出すという順で進めます。

ここでポイントとなるのは、以下の2種類の要因です。

【2種類の要因】

> **A. 望ましい結果をもたらした要因**
> **B. 望ましくない結果をもたらした要因**

日本流の改善は主に**B**が中心となりますが、技術を身につけるという観点からは、**A**が極めて重要です。なぜなら、望ましい結果をどんな場合でも繰り返し導き出せるのが、技術なのですから。

さて、面談はビジネスコミュニケーションの一つですから、必ず目的があります。また一対一のコミュニケーションですから相手がいます。この2つの視点で、今終わったばかりの面談の結果を検証する必要があります。

目的については、次の項目をチェックしましょう。

【目的についてのチェック項目】

- □ 伝えたいことはちゃんと理解してもらえたのか
- □ 聞きたいことについて正しく必要な情報は得られたのか
- □ 合意を得たいことについて、互いの納得がいく形を見いだせたのか
- □ その結果として、お互いの"次の行動"は決まったのか

それでは、"相手"については、どのように検証すればよいでしょうか？

ここでは、コミュニケーションの要素としてよく引き合いに出される、「メラビアンの3つの要素」をご紹介します。

【メラビアンの3つの要素】

- 言葉
- 声の調子
- 表情・態度

メラビアンは、この3つの要素がそれぞれ矛盾していた場合、どの要素を優先して受け止めるかということについて、実験をしたことで有名です。

しばしばコミュニケーションを扱ったビジネス書などで引き合いに出される数字ですが、全体を100%だとすると、この3つの影響度合いはどのくらいだと言われているでしょうか？

言葉が半分くらいで、声の調子と態度がその半々くらい、と考えたなら、50%：25%：25%となりますし、意外に声の調子が、それ以上に態度の影響度合いが高いと考えたなら、例えば20%：30%：50%などとなります。

さて、あなたの予想はどのくらいですか？

【メラビアンの実験結果】

• 言葉	7%
• 声の調子	38%
• 表情・態度	55%
	100%

メラビアンは実験結果として、それぞれの影響度合いが7%：38%：55%と結論づけています。面談の場では第一印象ではないですが、お互いの表情・態度が相手のよい／悪い印象に与える影響が大きいということがいえそうです。

本書では、相手の観察を通じた検証として、表情・態度、声の調子・言葉の順に見ていきたいと思います。

■ 表情・態度

面談はコミュニケーションの一つですから、お互いの信頼や安心感がベースになっていると、うまくいきやすいことは言うまでもありません。それでは、信頼や安心感というのは、どのような表情・態度から読み取れるのでしょうか？　これも雰囲気作りの時の方法と同じに考えてみましょう。つまり、信頼していない、安心感がない状態の表情や態度を、まず考えてみるのです。

以下のような表情や態度が読み取れるのではないでしょうか？

- **緊張して、表情や体がこわばっている**
- **正面を向かない、目をそらす**
- **うなずきなどの反応が薄い**

そうすると、逆に信頼や安心感がある場合は、以下のような表情や態度が読み取れるはずです。

- **リラックスして、自然体である**
- **こちらを向き、目を合わせて話をする**
- **うなずいたりするなど、こちらの話にもよく反応する**

ここで注意が必要なのは、リラックスしている状態というところです。リラックス＝緊張感が抜けて注意が散漫な状態、集中力に欠ける状態と誤解してしまうこともありますが、実際は逆です。

一流のスポーツ選手をよく観察してみると、物事に集中して取り組んでいる時は、十分にリラックスした状態になっているでしょう。車の運転を考えてもよいかもしれません。高速道路などで緊張してガチガチにハンドルを握っていると、かえって操作が遅れたりするものです。

このようなポイントで相手を観察し、表情・態度から信頼や安心感は読み取れたかどうかを検証するのです。

必ずしも面談の初めの段階で、望ましい表情や態度であるとは限りません。

そもそも上司であるあなたと、一対一で話さなければならないということに緊張している場合もあるでしょう。また「プロジェクトや職場でうまくいかないことがあって、その相談がしたい」という場合なら、始めから不安やネガティブな気持ちでいっぱいかもしれません。

しかし、雰囲気作りを工夫し、わかりやすく物事を伝え、相手の話もよく聞き、お互いのアイデアを尊重しながら、新たな価値を生み出していく、その過程で信頼や安心感を得ていけばよいわけです。

例え、初めは表情・態度から信頼や安心感などを読み取ることができなくても、面談のクロージングの時には、先に挙げたような信頼や安心感に満ちた状態の表情・態度を観察できたら、面談もなかなかうまくいっていると考えてよいでしょう。

その場合は、望ましい結果をもたらした要因は何かを考えていくといいでしょう。

逆にクロージングの時に、信頼していない、安心感がない状態の表情・態度が観察された場合は、望ましくない結果をもたらした要因は何かを、さらに考えていくことになります。

もちろん面談の時間をこの検証の後にもとれるなら、もう一度エンゲージメントのステップに立ち戻り、わかりにくいところがなかったか、言い足りないことはなかったか、納得がいっていない点はなかったかなどを確認し、解消していく必要があることは言うまでもありません。

■声の調子・言葉

言葉以上に声の調子が重要なメッセージを含む言葉に「わかりました」があります。ゆっくり、噛み締めるように話された「わかりました」は、深い納得を表していそうですが、語気を強めて発せられた「わかりました」は、その後に「納得してはいないけど、やればいいんでしょ！」という心の声が付け加わっているかもしれません。また、元気なさげに小声で言われた「わかりました」は、その裏に「気になる点もあるけれど、仕方ないかなぁ」という不安な気持ちを隠しているとも読み取れます。

このように、人は全く同じ言葉でも、その言い方に本音をにじませながら話をするものです。

もちろん、事実などの情報として、言葉は非常に大きな意味を持っています。しかしそれだけではありません。その言葉がどのように言われたのかを観察し、検証してみましょう。そうすると、言葉によって伝えられた情報が、相手にとってどんな意味があるのかまで、推し量ることができます。

例えば、進捗を確認した時「少し遅れているんですが、ほぼ計画通りです」という言葉を、自信ありげに言う部下は「(ほぼ) 計画通り」ということを誇らしく思っているかもしれません。逆に「少し遅れているんですが」を申し訳なさそうに言う部下が、後から付け足した「ほぼ計画通り」には、少し遅れた原因について気になる点があるという可能性もあります。

そして、面談の後、部下によい仕事をしてもらうためには、誇らしく思っていそうな部下には、励ましの言葉をかけてあげるのがモチベーションアップに効果的でしょう。また、気になる点がありそうな部下には「気になる点が何か、ちょっと話してくれないか？」と、より詳しいヒアリングによって、事実情報を聞きだす必要があるでしょう。

つまり、部下から発せられたメッセージによっては、あなたの次の行動が、新しく増える可能性があるということです。それを面倒だと思うか、「組織の仕事を完遂するために、いい情報が得られた」と受け止めるかは、あなた次第というわけです。

「面談の他に、重要な仕事を抱えて気がかりだ」とか「今日は何人も、時間通りに面談をしていかなくてはならない」など、あなたに余裕がないと、声の調子から得られるメッセージに対して、聞こえないふりをしたくなるのが人情です。

しかし、言葉だけの上辺のコミュニケーションしかとっていないことで、あとあと仕事やプロジェクトなどに、大きなリスクを抱えることになるかもしれません。それならば、きちんと声の調子に耳を傾けて、必要に応じ早期対処を選択するのが、できる上司といえるでしょう。

このように、言葉だけで「わかってもらえた」あるいは「必要な情報が得られた」と判断するのではなく、表情・態度や声の調子にまで検証のポイントを広げてみましょう。「今日の面談は当初の計画通りうまくいっただろうか」と検証し、次の面談や行動につなげていくのが技術向上の近道なのです。

10 知見
2種類の要因を考える

振り返りのポイントとなるのは、以下の2種類の要因でした。

【2 種類の要因】

A. 望ましい結果をもたらした要因
B. 望ましくない結果をもたらした要因

それぞれどのように知見を見いだしていけばよいのか、具体的に考えていきましょう。

■ A. 望ましい結果をもたらした要因

望ましい結果をどんな場合でも繰り返し導き出すためには、まずその要因を見いだすことが重要です。

たとえば「今日は本題に入る前に、ずいぶんリラックスして話せる雰囲気にできた」としたら、何がその“望ましい結果をもたらした要因”になったか、を考えるのです。それは、「きちんと目的・進め方・メリットの3点をはじめに説明した」からかもしれません。もしくは「週明け前の休日の過ごし方について世間話の延長でちょっと長めに話した」からかもしれません。

もちろん、ある要因が劇的に望ましい結果をもたらしたのではなく、さまざまな要因が複合的に影響し合っているのが普通ですが、それでも“何が望ましい結果をもたらした要因となったのか”を考え、それを“繰り返してみる”というのが“技術”の習得の秘訣です。この場合、“いつもはやらなかった何か”があると、振り返りも楽です。たとえば、「いつもは対面に座って面談していたけれど、今回は、お互いにノートパソコンの画面を覗き込める位置関係で話を進めた」ということであれば、そのことが大きく影響したと考えることができるでしょう。

この“繰り返すべき技術”には、本書でこれまで説明してきたような“万人がだいたいうまくいく”基本となるようなものもありますし、実際は“彼にはこうしたほうがいい”という個別の応用的なものもあります。

いずれにしても、“望ましい結果”に気づくことができなければ、“それを繰り返し導ける”技術を習得することは不可能ですから、まずは、Aの要因を見いだす必要があるというわけです。

■ B. 望ましくない結果をもたらした要因

次に、日本人には“カイゼン”として馴染みの深い、望ましくない結果をもたらした要因について知見を見いだします。ここでは、“何かをしてしまって”それが望ましくない結果をもたらす要因となったというものと、“何かをしなかったので”それが望ましくない結果をもたらす要因となったというものがあります。

たとえば、「能力評価の合意が得られなかった」という望ましくない状況があったとして、面談において「相手の自己評価を聞く前に、こちらの一方的な考えをまず話してしまった」ということが、望ましくない結果をもたらす要因となったかもしれません。または、相手が話し始めてから「こちらがその自己評価をきちんと傾聴しなかった」ことが問題だったかもしれません。

ここでも、本書でこれまで説明してきたことと比較し、“やってはいけない行動をしてしまった”というチェック、“本来技術としてしなければいけないことを忘れた”というチェックの両面で要因を見いだしましょう。

さらに、「彼にはこれはやってはいけなかった、あるいはやるべきだった」という個別の応用的なものを考えていくとよいでしょう。

そして、この振り返りの後は、次の機会に“カイゼン”しなければ、振り返りの意味がないことは言うまでもありません。

面談振り返りシート

■行った面談を振り返ってみましょう。

相手の表情・態度	相手の声の調子・言葉

面談における望ましい結果	面談における望ましくない結果
原因だと考えられる要素	**原因だと考えられる要素**
繰り返し行いたい点	**改善したい点**

ストーリー　面談をされる時の部下の気持ち

天王寺さんが上司になって１年が過ぎました。去年はあと一歩というところで営業目標を達成できませんでしたが、桃谷さんはそれほど気にしていませんでした。どうせ期が変われば、新たな営業目標が下りてくるのです。しっかり目標を達成して、変に期待を持たれても面倒だというのが、桃谷さんの考えでした。

先日の全社会議では「ソリューション営業への転換」という方針が打ち出されました。やる気になっている天王寺さんに、思わず「声かけしてくれるけど行き当たりばったりで、こっちの話は聞いてくれないし、言いたいことばかり言う」と指摘したら、すっかり黙り込んでしまったのです。天王寺さんが上司ではなく先輩だったころは、アドバイスもそこまで迷惑だと感じたことはありませんでした。去年は正直言って張り切りすぎだったと思っています。桃谷さんとしては、細かく口を出しされるよりも、ある程度任せてもらった方がうまくいく気がしていました。

それからチームミーティングがあり、「ソリューション営業への転換」の説明と、営業目標の割り当てが伝えられました。次は個別に面談を行うから、既存の売上とソリューション売上の配分も考えて自分の営業計画を立てておくようにという指示があり、ミーティングは終わりました。

桃谷さんの営業目標は前年度比110％です。さすがに２年連続で未達ではボーナスにも悪影響が出てしまいます。計画では、多少やる気を見せておかなければいけないでしょう。

さて、いよいよ桃谷さんの面談の順番が回ってきました。

「今日は、桃谷の基本的な営業計画について話し合いたい。どのように数字を達成していくのかという計画についてだ」

「はい」

前年度は目標未達というだけでなく、この前文句を言ってしまったこともあり、今期はより厳しく指導されるだろうなと覚悟していました。

「まず、どんな計画で数字を達成していこうとするのか話してほしい。次にいくつか質問や確認をさせてもらう。桃谷の考えをしっかりと知りたいという意図だから、ちゃんと答えてほしい。十分に桃谷の考えが理解できたら、その上でこちらのアイデアも付け加えさせてもらおうと思う。最終的には、桃谷が『これでいける』と思えて、迷いなく動けるプランができたら、お互いにハッピーだろ」

「それは助かります！　よろしくお願いします」

少し構えていたのに、丁寧に目的や進め方を説明され、桃谷さんは拍子抜けしてしまいました。おまけに「お互いにハッピー」などと言われたのは初めてかもしれません。でも、そんなにうまく話がまとまるかなと桃谷さんは思いました。

「それじゃあ早速だが、どんな計画で数字を達成していくんだ？」

桃谷さんは計画について一通り説明していきました。

「これで全部数字を足すと、一応目標ということで……」

「うん。荒削りな部分はあるけれど、つじつまは合っているな。それでだ」

ここまでは珍しく話を聞いてくれたけど、そろそろ指導が始まるに違いないと、桃谷さんは身構えました。

「既存顧客の額が大きい３つについて、誰が、どのように言っているのか、具体的に教えてくれないか？」

いつもは「なぜ○○ではないのか？」という質問というか、裏を返すと「なんでやってないんだ？」というような言い方ばかりされていたので、桃谷さんは少し驚きました。

自分が見込みを立てた根拠を１件ずつ説明していくと、根拠というには甘いものもあるということに気が付きました。

「うーん、そうすると、この金額と確率、ちょっと大きすぎじゃないか？　どう思う？」

「そうですねぇ。イロハ産業のＢ判定は言いすぎでした。あとは問題ないですか？」

「ああ。さて、その減ってしまった分をどうしようか？」

桃谷さんは計画表の数字をいくつか変えてみました。リストアップした分だけで営業目標をやりくりするのは難しそうです。そうやって考えている間、天王寺さんはじっと待ってくれました。

「やっぱり、ソリューション営業に力を入れたいというとこですかね……。これでいけそうかな……いける気がしてきました」

修正した計画表を天王寺さんに見せました。

「それはよかった。まず、今月はどうする？」

「今月は既存顧客と新規の訪問を50：50にして、この計画の実行精度を高めたいと思います」

天王寺さんの質問のお陰で、やるべきことが明確になった気がしていました。これならすぐに取りかかれそうです。

「よし、がんばってくれよ、うちのチームの未来は桃谷にかかってるからな」

大袈裟なと思いましたが、今日は期待されても悪い気はしませんでした。すっかり天王寺さんに乗せられてしまった気分です。

「はい！」

桃谷さんは、今期の見通しがすっきりしたので晴れ晴れしていました。

解　説

今回の面談はうまくいったようです。「ストーリー 部下の話を聞いて合意する」の裏側で、桃山さんはこんな風に感じていました。

天王寺さんがどのように面談を進めて行ったのか、振り返ってみましょう。

オープニングでは、しっかりと目的、進め方、完了条件とお互いのメリットを伝えていました。桃山さんも去年とは違うことを感じ取っていました。

エンゲージメントでは、細かい会話は省略されていますが、桃山さんの話の途中で指導やアドバイスを始めたりせず、きちんと聞き役に徹したようです。その後の質問については、事実に的を絞っており、桃山さんを責めるようなものではありませんでした。桃山さんが考えている間も、答えを急かしたり指導をしたりしませんでした。これによって、桃山さんは情報をしっかり整理できたようです。

最後のクロージングでは、合意した営業計画について、まず今月やることを確認し、今後への期待を伝えています。

このような面談を繰り返していくことで、部下からの信頼は深まっていきます。こういう上司なら、困ったことがあったら相談しに行こうという気持ちになるかもしれません。部下の成長や、業績の向上にもよい影響を及ぼすことができるでしょう。

3章

面談の科学

1 よい雰囲気を作る
――眺望―隠れ家理論／パーソナルスペース

この章では、これまで解説してきた技術を支える、さまざまな心理的な理論や原則をご紹介していきます。いわゆる技術はハウツーとも呼ばれ、それを盲目的に行うことだけでも成功の確率は上がります。しかし、さらにその裏の“なぜ、それでうまくいくのか”を知っておくことで、より技術の精度を上げることができたり、技術の適用範囲を広げたりすることができます。本書でご紹介している技術は、ビジネスでの面談に焦点を当てて説明していますが、そこでの“なぜ、それでうまくいくのか”を知っていれば、ビジネスの場だけでなく、パートナーとのコミュニケーションや子育てにも役に立てることができるでしょう。

まず、雰囲気に関しての理論や原則からご紹介します。

面談ができる場所としては、自席、会議室、食堂やオープンスペースなどさまざまな場所があります。それぞれの場所はどのくらいリラックスできたり、緊張したりする場でしょうか？

眺望―隠れ家理論という理論があります。人は見晴らしがよく、かつ自分は周りから見られにくい場を好むという理論です。これは簡単に言えば、自分は敵や獲物を見つけやすいけれど、逆に敵や獲物からは見つかりにくい場は、安全でかつ自由度が高いので居心地がよいということです。

これを会社内などでの場で置き換えると、ガラガラに空いている食堂の中央の席や、全面ガラス張りの会議室は「後ろから襲われるかも」「知らないうちに見張られているかも」と本能的に不安になったりします。また、窓が一つもなく分厚いドアで仕切られている会議室は「周りの様子が全くわからない」と感じ、落ち着かない気分になるというようなことです。

また、喫茶店や居酒屋でも、一般的に壁側の席は周りの様子を伺うことができますが、通路側の席は壁しか見えないのに、人からは見られている

【眺望―隠れ家理論】

という状況になるので、居心地の悪さを感じたりするのです。

この理論に沿って考えると、同じ会議室でも、落ち着ける会議室とそうでない会議室があるでしょう。また、自席でもほどよく安心感がある場とそうでない場があるということです。また食堂などでも、どのテーブルを選ぶか、どの席に座るかで相手のリラックス度合いが変わるということになります。

同様に、飲み物があると「喉が渇いた時に、いつでも潤せる」という安心感につながります。また広い会議室でドアから遠い席を選ぶと、「何かあった時に逃げにくい」という不安感につながります。

もう一つ、よい雰囲気を作るのに知っておくとよいのは、パーソナルスペースです。

これは、これ以上、自分に近づいてほしくないと感じる領域のことです。言い換えれば、自分だけの空間として守りたい領域です。パーソナルスペースの大きさは、自分と相手の人間関係によって変わります。

【パーソナルスペース】

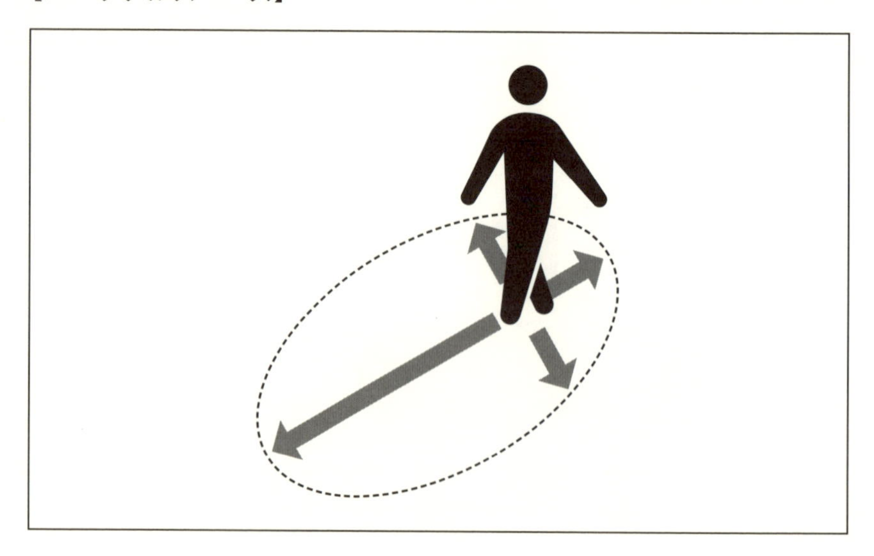

その形は一般に前方に広く、横はやや狭く、後方はとても狭いという楕円形をしているといわれています。

例えば、前方1メートルという距離は、親しい友人なら特に何も感じない距離ですが、仕事上だけの付き合いの人だと、ちょっと緊張してしまう距離になるのではないでしょうか。

つまり対面で座った場合、狭めの会議机だと、相手のパーソナルスペースの内側に入ってしまう可能性があるということです。お互いに不快に感じるというほどでないにせよ、なんだか居心地が悪い感じのまま面談を進めることになってしまうかもしれません。

逆に、パーソナルスペースが横に狭いということを利用して、隣に座るという選択肢もあります。この場合はかなり近くに座っても不快に感じないので、例えば、同じ書類を覗き込んでチェックすることなども、自然にできるでしょう。

もちろん、話の内容によっては、少し緊張感を持ってほしいという場合もあるでしょう。その時は、多少閉じられた空間の会議室でしかも対面での面談を選ぶということができます。

　このように身近な場所でも、うまく場と位置関係を選ぶことで、面談の内容に応じた雰囲気作りができるのです。

2 部下に仲間だと思ってもらう
——群居本能

心理学で有名なフロイトは、人間が持っている本能の一つとして、群居本能を挙げました。これは仲間と居ようとする本能ということができますが、人間だけでなくさまざまな動物が持っているものです。その大前提として、仲間（＝安全な相手）かどうかを見分けることが必要になります。

動物は自分以外の生き物に対し、まず、仲間（＝安全な相手）かどうかを判断します。もし仲間でなかったら、逃げるか、攻撃するかという判断が必要になる可能性が高いからです。

逆にいえば、仲間（＝安全な相手）かどうかを見分けられないうちは、ずっと警戒していなければならないということになります。

動物の場合は、自分と似ていることがまず仲間である証であるとみなされます。アリなどは、体表にその巣特有の物質をまとうことで、あたかも制服のように、同じ巣の仲間である証を身につけることもわかってきています。

人間の場合はどうでしょうか？

服装や髪型などは、すぐに見分けがつくチェックポイントです。いかに多様性が叫ばれようとも、ビジネスマナーが“私はあなたと同じビジネスをする人間である”という証として、機能しているのはそのためです。

また、さまざまな領域の専門家が専門用語で会話をするのは、効率的ということもありますが、やはり仲間同士で会話をしているという安心感を得たいためともいえるでしょう。

ここでいえるのは、同じであることは仲間（＝安全な相手）であることの重要な証になるということです。

面談の始まりのところで相手に少しでも緊張を解いてもらいたいなら、会話の中で相手と同じであることを示せばよいわけです。

世間話はその点でとても有効です。ただし、同じであることを示せればという条件が付くわけです。

「週末に映画を見た」という話がでた時に、あなたもすでに見た、あるいは興味がある映画なら話は早いですね。

しかし、その時あなたが全く見たことも興味もないアニメの映画の話が出たらどうでしょうか？

「そういうジャンルには興味がない」と答えては、せっかくの世間話の効果が半減してしまいます。代わりに「どんなストーリー？」「どんなところが好きなのか？」という質問をしてみてはいかがでしょうか？　何の接点も見つからなくても、自分の好きなことを聞いてくれる人という位置づけは確立できます。

また、ストーリーや心理描写などで理解できる点が出てきたら、心から共感することで、同じであること＝仲間（＝安全な相手）であることを積極的に示せるでしょう。

一般的に上司というのは、部下から見ると（上司が考えている以上に）少し怖かったり、心理的距離が遠かったりする相手です。一対一で話す面談の機会に、同じであること＝仲間（＝安全な相手）であることを示しておくことで、普段の仕事もより進めやすくなることでしょう。

3 部下のモチベーションを上げるために①
――VIE理論

上司の仕事は部下によい仕事をしてもらうことと、本書では定義しました。よい仕事というのは、単純に考えれば成果が出るということです。どうせならイヤイヤやって成果が出るというのではなく、やる気を持って仕事に取り組み、その結果として成果につながるほうが、上司も部下も気持ちがよいものです。また、継続的な成果にもつながるでしょう。

それでは、そのやる気、すなわちモチベーションというのは、何から生まれるのでしょうか？

さまざまなモチベーションに関する理論がありますが、ここではもっとも古典的で、時代が変わろうとも支持されてきた、歴史に裏打ちされた理論をまずご紹介します。

この理論はVIE理論といいます。VIEは誘意性と用具性と期待のかけ算で、モチベーションの大きさが決まるという理論です。

後ろから説明していきましょう。期待というのは、いわば自分自身への期待のことです。つまり、自分でもがんばればできるようになると感じられるかどうかです。

例えば、昨今のエンジニアは常に新しい技術の習得をしなくてはならない環境にあります。それらの技術について「自分でもがんばれば習得できそうだ」と思えば、モチベーションアップになるでしょう。逆に、「(今の)自分には難しすぎて無理そうだ」と感じてしまえば、モチベーションが上がらないということです。

用具性は、できるようになりそうなことが、手段（道具）として役に立ち、成果につながりそうと思えるかどうかです。

例えば、英語の習得がテーマなら「身につければ仕事の中でいろいろ役に立つ」と感じていたらモチベーションアップに有効です。しかし、「身に

【VIE 理論】

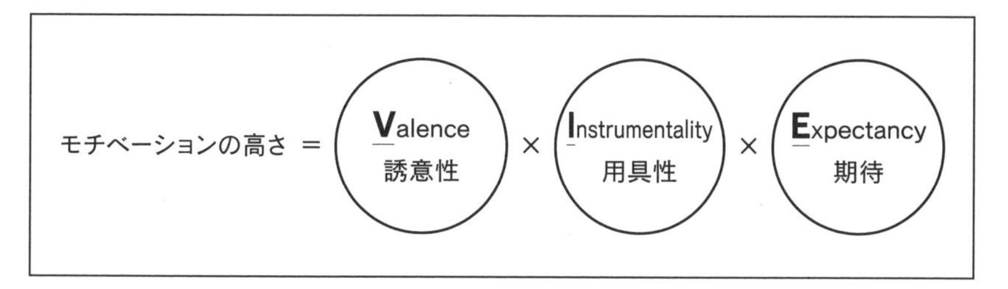

つけても、（当面）何の役に立つのかわからない」と感じていたら、モチベーションにはつながらないということです。

最後の誘意性というのは、その役に立った結果が本人にとって充分に魅力的かどうかです。

例えば、「新たな仕事のやり方」によって、確かに「仕事が効率的に進められ、早く帰れるようになる」ということが理解できたとします。そのことが「魅力的だ」と思える人もいますが、「別に早く帰っても……」と魅力的に感じない人もいるわけです。結局のところ、自分自身にとって魅力的かどうかがモチベーションの鍵になるということです。

注意したいのは、この理論はかけ算のモデルで表されるということです。

期待と用具性と誘意性のどれかがゼロなら、モチベーションもゼロです。ただし、マイナス×マイナスでプラスになるというルールはありません。

つまり、面談の中でモチベーション向上のために部下に語りかける場合は、以下の３点セットで話をしましょう。

- **君ならできる（期待）**
- **それによって（仕事の）役に立つ（用具性）**
- **そして、魅力的な結果が待っている（誘意性）**

4 部下のモチベーションを上げるために②
——自律的／管理されたモチベーション

モチベーションを上げて手早く成果につなげるために、がんばった成果を給与に大きく反映させるという施策が、アメリカでは広く採用されてきました。しかしながら、その結果としてさまざまな弊害も指摘され始めたため、新たなモチベーションの考え方が支持され始めています。

このモチベーションは自律的なモチベーションと呼ばれ、給与アップのインセンティブなどで向上させる管理されたモチベーションと対比されます。少し前までは内発的モチベーションと外発的モチベーションとして対比されていましたが、本書では新しいほうの呼び名でご紹介します。

管理されたモチベーションは、契約や職務記述などによるものがわかりやすいですが、「○○をすれば報酬／△△なら罰則（罰則までいかずともボーナスや職級が下がるなども含む）」という与えられた状況のもとでのモチベーションです。

このような管理のもとで、人はとてもプレッシャーを感じ、短絡的な方法をとろうとします。

一方、自律的なモチベーションは、自分自身の感覚に照らして（ここが重要です）、この活動には価値があると感じて動くモチベーションです。

このようなモチベーションで動く時、人は自分の選択で自分の活動を決めるということを体験し、その活動に自分自身からの裏付けを感じることができます。

管理されたモチベーションで動く時、人はその理由をたやすく説明できます。例えば「ボーナスが上がるから」「昇級に響くから」のようにです。少し昔のしつけでも「おまわりさんに怒られるから（○○しちゃいけません）」などというものがありましたね。

しかし、自律的なモチベーションで動く時、その理由を人はうまく説明できないかもしれません。なぜなら「好きだから」「ワクワクするから」「仲間と一つになれている実感があるから」など、理由が一つとは限りませんし、それは自分自身の感覚であるからです。説明はうまくできないけれど気持ちにぴったりくる、そうしたモチベーションのほうが高い成果を持続的にあげられると考えられています。

そのようなモチベーションをサポートするポイントとして、下記の6ステップが推奨されています。

【自律的なモチベーションをサポートするステップ】

1. 質問をうまく使って、(組織の) 問題解決への参加を促す
2. 傾聴して、相手の想いや考えや視点を理解する
3. 責任範囲を明らかにした上で、選択肢を提供する
4. (行動後) 自分で決めたことを実行したことについて、喜びや感謝の気持ちを伝える
5. 金銭的報酬を使う、人と比べるなど、強制力のある管理をできるだけ避ける
6. 自主性の可能性を広げるために、知識やノウハウを増やせるようサポートする

2で相手の視点での大切に想うことを知り、4～6でその大切に想うことに近づいていっていることを、共に喜ぶという関係性ができるとよい、ということになります。

自律的なモチベーションを推奨するデシ博士とライアン博士は、その論文の中でいくつかの注意点を挙げています。

例えば4において「私が頼んだことをやってくれてありがとう」というのは、上司としてありがちな感謝の言葉ですが、それでは結局、管理されてやっているという感じを助長するだけだと言います。

5については、デシ博士とライアン博士の理論に基づいた研究で、金銭

的報酬に強い価値をおく人ほど、心理的健康状態がよくないという結果が示唆されています。

6でいわんとしているのは、知識やノウハウを増やす理由です。資格などをとると報奨金が出る場合がありますが、それが理由になっているのは管理されたモチベーションです。自律的なモチベーションに目を向けさせるのであれば、自分の可能性を広げるためとか、他の人とのコラボレーションの幅を広げるためなどを目的とするよう促すのが、上司の役割ということになります。

ここまでで管理されたモチベーションと自律的なモチベーションの違いについて説明してきました。しかし、必ずしも管理されたモチベーションがいけないというわけではありません。始めは金銭的な報酬や与えられた目標などに向けて、行動を促すのも一つの方法です。ただし、持続的でかつ健康的に高いモチベーションを保たせたいのであれば、徐々に自律的なモチベーションに移行するよう促すことが重要です。

【自律的なモチベーションと管理されたモチベーション】

5 部下から情報を引き出す
――返報性の原理

面談では、相手からさまざまな情報を引き出したいことがあります。例えば、何かトラブルがあるのなら、まず事実関係を知りたいものです。また、キャリアなどの面談では、相手の興味や今後の希望などを知っておきたいと思うでしょう。ここでは、情報を引き出される側、つまり情報を提供する部下の心理を考えてみます。

例えば、知らない人からの電話や街頭で呼び止められ、いきなりアンケートを依頼されるケースを思い浮かべてみましょう。たいていの場合は「5分くらいで」「簡単な」アンケートであることが最初に提示されますが、もし時間が十分にあったとしても、見ず知らずの人でも依頼されたら情報提供を惜しまないという人は、少数派なのではないでしょうか。

まず、怪しいと感じる場合は、はじめから会話すらしたくないでしょう。人に限らず、動物は一般的にリスクに対して非常に敏感です。特に最近は多くの人が「自分の大切な個人情報を教えて大丈夫か」という考えを持つようになってきました。もちろん、社内の面談ではそこまでリスクを過大に感じる人はいないでしょう。しかし、上司と一対一で話したはずなのに、次の日にはその情報を部門のみんなが知っていたとか、何か相談する度に説教されるというようでは、安心して話すことができません。

また、情報を提供してもリスクがないだけでは積極的に話す理由にはなりません。もう一押し、情報を提供するメリットが必要となるのです。

街頭やインターネットでのアンケートでは、金券や試供品などを（抽選で）もらえるケースが一般的で、それなら答えてもいいかなという気にさせています。これを返報性の原理といいます。では、社内の面談ではどうでしょう。自分の業務に関するトラブル報告をしたら、インセンティブがもらえるという制度がある会社は相当珍しいのではないでしょうか。

ここで「部下なのだから、上司に情報を提供するのも仕事のうち」と考えてしまうのは早計です。もちろん正論ですが、お互いに「仕事のうち」と思っている場合のコミュニケーションでは、仕事に必要と思われる最低限の情報のやりとりしか行われなくなります。

「まあ、それでも十分ではないか」と思うのは間違いです。なぜなら上司が思う仕事に必要と思われる最低限の情報と、部下が思う仕事に必要と思われる最低限の情報は違うからです。しかも、一般的には部下が思う仕事に必要と思われる最低限の情報は、上司が思っているものよりもはるかに少ないのです。

したがって、より積極的に多くの情報を提供してもらいたいのであれば、そのメリットを感じさせる必要があるということです。

トラブルに関しての情報を具体的に提供すればするほど、建設的な解決策が面談の場で出てくるというのもよいですし、悩みなどを聞いてもらうことで部下の気持ちが楽になるというメリットもあるかもしれません。

まとめると、効果的に情報を引き出すためには、リスクがなく安心して話せることと、情報を提供することでメリットがあると感じられることの、両方が重要であるということになります。

【返報性の原理】

6 見方を変える
——リフレーミング

伝える面談において「何かを納得してもらいたい」あるいは、合意する面談において「ある程度こちらの意見も組み入れてもらいたい、しかし相手はなかなか首を縦に振ってくれない」ということは、よくあるものです。しかも、一度意見が対立してしまうと、その後の話はずっと平行線で、お互いに自分の主張を繰り返すばかりとなってしまいがちです。こんな時に知っておくと便利なのが、見方を変える技術です。

これをリフレーミングと呼びます。フレーミングというのは、写真などで、どのように風景を切り取るかということを指します。自分をとりまく風景自体は変わらなくても、それをどのように切り取るかによって、写真の印象は大きく変わります。例えば、夜の工場がオレンジ色の照明に照らされて、水蒸気に包まれている様子なら、日夜私たちの生活を支えている頼もしさのようなものを感じるかもしれません。一方、同じ工場の煙突付近、薄暗い中、延々と煙を吐いている様子だけを切り取った写真からは、何か不気味なものを感じることもあるでしょう。それと同じように、とりまく事実は変わらなくても、見方や伝え方を変えることによって、相手の感じ方に影響を与える技術がリフレーミングです。

有名な実験に、アジアの疫病問題があります。これは600人が感染してしまった病気に対して、例えば200人分しかないワクチンを200人に使い切ってしまうような解決策を「400人が死んでしまう」と提示するとその解決策は選ばれにくい（実験では22%が選択）が、「200人は助かる」と提示するとその解決策は選ばれやすい（実験では72%が選択）というものです。原典はもう少し複雑な選択肢ですが、いずれにしても、よくよく考えれば言っている内容は同じだけれど、示され方によって人の判断は大きく変わるということを、実験結果は示しています。

言っている内容が同じの場合ですら影響力は大きいのですから、ある事柄のリスクの側面を示すのか、メリットの側面を示すのかで、その事柄に対する見方を変えることができるというわけです。

例えば、部下に難易度の高いプロジェクトのリーダーを引き受けてもらいたい時に、難易度が高く大変だというリスクの側面を強調したことで、部下が難色を示したとします。その時「こう考えてみてはどうか？」という前置きをした上で、「難易度が高いということは、それだけやりがいがあるということだ。また、成長のチャンスも大きいということもいえないだろうか？」のように示すのです。

このようなリフレーミングが効果的に行えるようになるためには、普段から物事を二面的に見るように心がけるとよいでしょう。ポイントは二面的ということで、単なるポジティブシンキング（楽観的な考え方）ではありません。

よく営業担当者の心がけとして、裸足で暮らす先住民のところに行った2人の靴売りの話が語られます。

これは、営業担当者たるもの「誰も靴を履いていないから、誰も買わないよ」と思うのではなく、「誰も靴を履いていないから、住民全員に靴が売れるぞ」と考えろというメッセージとして使われます。

しかし、上司としては「誰も靴を履いていないから住民全員に靴が売れるぞ」としか考えられなかったら、それは問題です。「誰も靴を履いていないから誰も買わない」というリスクの側面も、きちんと評価する必要があるでしょう。もし、そのように考えてしまう部下がいたら、その気持ちが理解できないということになってしまうからです。

注意したいのは、このリフレーミングが有効なのは、あなたが部下から「仲間であって、敵ではない」と認識されている時だけだということです。

つまりここでも、同じであることを示しておく必要があるのです。先ほどの難易度の高いプロジェクトの例であれば「仕事が始まったら、大変な思いをするかもしれない、という気持ちになるのはよくわかるし、逆の立場なら、わたしもそこは気になる点だと思う」などと、理解をしっかり示しておくことが大切です。

そのためにも、物事を常に二面的に見ることは重要になってきます。リフレーミングでは、まず部下の立場での話をしてから、次に見方を変えるというステップで行うと効果的です。

【リフレーミングのステップ】

【練習】見方を変える　――リフレーミング

それぞれの状況で、期待できるメリットを強調する言い方、考えうるリスクを強調する言い方はどのようになりますか？

それぞれ「○○（メリット）が期待できる」／「○○（リスク）のおそれがある」という言い方で考えてみましょう。

- **状況1：これまで国内取引額が大きかったお客さまの組織形態が変わり、部門長がアジア全体を統括するインド出身のリーダーになった。**

メリット	
リスク	

- **状況2：競合との差別化を図るために、まだ実装例の少ない技術を使った製品を納品してくれないかと、お客さまから相談を受けた。**

メリット	
リスク	

- **状況3：市場規模は未知数だが、まだ誰も始めていないものであるため、本当に大きなニーズがあるかについて検証しきれないサービスを、リリースすべきかどうかの判断材料となるプレゼンテーションを依頼された。**

メリット	
リスク	

【例】見方を変える　――リフレーミング

- **状況1：**

メリット	今までよりも明確で公平な選定基準が示されるだろうから、自社商品をより多く導入してもらえるという期待できる。
リスク	これまでの実績を考慮されないばかりか、むしろ取引先はすべて変えられるおそれがある。

- **状況2：**

メリット	新しい技術を使った製品を開発でき、他社への横展開が期待できる。
リスク	技術力の不足により、納品後にトラブルが多発するというおそれがある。

- **状況3：**

メリット	新規分野にいち早く参入し、市場を開拓することが期待できる。
リスク	推論するにも、未知数の部分が多すぎて、リソースを投入しても全く回収できないおそれがある。

【応用】見方を変える

ビジネスのケースで見方を変えるリフレーミングの練習をしました。物事を二面的に見るということが、イメージできたと思います。

今度は実際にあなたの部下の置かれている状況を書き出してみましょう。

そして先ほどと同様に、メリットとリスクを考えてください。あなたには見えていても、部下には見えていない側面にはどのようなものがあるでしょうか？

それを伝える際には、相手と同じであることを示して相手への理解を伝えます。どのように理解を伝えたらよいかも考えてみましょう。

状況	
相手への理解	
メリット	
または	
リスク	

7 情報を整理する
――問題解決技法

部下からの相談や報告について「彼（彼女）の話はいつも言葉足らずでよくわからない」と嘆く上司は大勢います。あなたもその一人かもしれません。

教育的な見地からは「話を整理してから出直すように！」と突き返すのも効果的ですが、急いで問題解決をしなければいけない時もあるでしょう。そのような場合には、情報を整理しながら話を聞くということが有効です。

ここでは、情報を整理する場合の、科学的な基本フレームをご紹介します。

まず、科学の世界で重要視されるのは、因果関係とエビデンス（証拠）です。そして、より実学に近い見地からは、問題をあるべき姿（目標）と現状（の事実）の２つの差と考えるのが王道です。

因果関係とは、簡単に言うと「○○をしたから△△になった」という原因と結果についてのものです。当然、時系列的に言えば、原因となる物事は、結果よりも前に起きていることになります。

エビデンスとは、起きている（起きてしまった）事実や、一般的に得られるデータで、何かを言うための根拠となるものです。

例えば「最近、新人の元気がない」という話になった時に、どんなエビデンスをもとに「元気がない」と言っているのかということが、重要になります。配属当初は大きい声で朝の挨拶をしていたのに、最近は元気な挨拶をしないという事実を指しているのかもしれませんし、本当に体調を崩し気味で、早退が多いということかもしれません。当然、その事実の度合いによって、上司であるあなたの早急な対処が必要になることもあるでしょう。

そして、因果関係ですが、これは原因を考える場面と、未来を予測する場面の両方で使われます。もし、新人が最近元気な挨拶しなくなったとしたら、その原因は何かということを考えてみましょう。ここで新人が「慣れのために気持ちがたるんできたから」と結論づけるのは早計です。例えば、新人が大きい声で挨拶しているのに、先輩たちは顔を上げもせず曖昧な反応をしていたとか、さらに先輩の反応に新人が残念な表情をしたというエビデンスがあったらどうでしょう？　原因も、このようにエビデンスをもって考えるとよいでしょう。

未来を予測する場合も同様です。「この時期の新人はみんなそうです。すぐに元気が戻りますよ」と放置した結果、離脱を余儀なくされたということになれば、組織として困ることになるでしょう。

例えば、メンタルヘルスなどの医学的見地から「元気がない様子は、何の予兆なのか」というデータから未来を考えたほうが、リスクを減らせるのは言うまでもありません。

【因果関係】

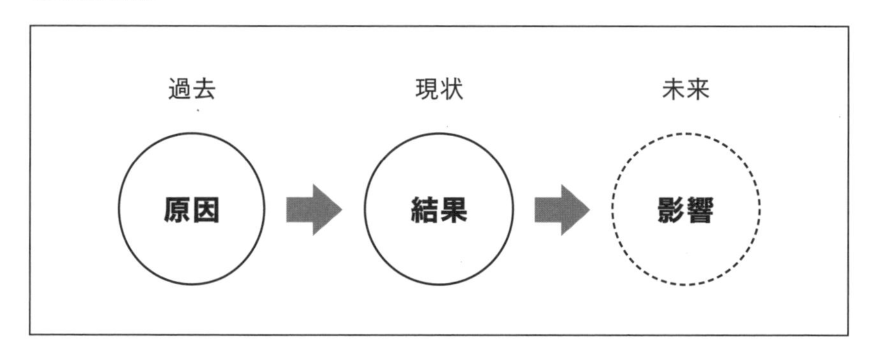

また、問題を考える時には、あるべき姿（目標）と現状（の事実）に分けて考えるとよいでしょう。

たいていの場合、「問題だ」と語られるのは、現状（の事実）のほうです。先の例で言えば、「新人が最近元気に挨拶しなくなった」ということになりますが、それは本当に問題でしょうか？　それは、先輩達が朝早くから出勤しているので、通常の始業時間には、皆集中して仕事をしているという結果かもしれません。だとすれば、この組織の一員としての新人のあるべき姿は、始業時間の頃に出社して大きな声で挨拶をすることではなく、先輩達よりも早めの時間に出社して、仕事への集中力を素早く立ち上げ、始業時間の頃にはもう午前中の仕事の目処がついている状態になっていることかもしれないということです。

このケースでのあるべき姿（目標）と現状（の事実）を整理し、「先輩達よりも早めの時間に出社する」のがあるべき姿なのに「始業時間の頃に出社して静かに挨拶する」という現状が問題だとすると、その原因は何でしょうか？　それは、新人研修で「朝、出社したら、大きい声で先輩に挨拶しましょう」とだけ教えられていた（しかもこの教えの前提は、新人が先輩より遅く出社することになっている）せいかもしれません。したがって、ここでの解決策は「新人研修では一般的なマナーを学んだと思うけれど、ここ（の組織）ではみんな朝型のやり方で仕事をして成果を上げている」ということを改めて教えることになるでしょう。

【問題】

あるべき姿（目標）と現状を整理をしながら話せる部下もいますが、そうでない部下もいます。「よくわからない」と嘆くだけでなく、次のような問いかけをうまく使いながら、面談の中で情報を引き出し、整理してあげるとよいでしょう。

- **どんな事実からそれが言えるのか？**
- **あるべき姿はなんだっけ？**
- **原因は何だと考える？**
- **どんな影響があると思う？**

【練習】情報を整理する　――問題解決技法

下記のケースで、あるべき姿（目標）に当たる情報、現状（の事実）に当たる情報には、どのようなものがありますか？　抜き出して整理してみましょう。

また、この差を生み出している原因に関して、どのような情報が書かれていますか？　これも抜き出してみましょう。

橋本さんは社内でも大きなプロジェクトのメンバーの一人です。

橋本さんはチームの中では一番若いこともあり、これまで、会議室の予約や議事録の作成、また、メンバーへの事務連絡など、重要ではあるものの、こまごまとした仕事を任されてきました。橋本さんが新しくメンバーとして加わった当初は、与えられた業務を正しく遂行するだけでなく、すでにスタートしていたプロジェクトのため、これまでの経緯や、自分のわからないことなどを積極的に質問して、先輩達からも「いいメンバーが加わってくれて、助かっているし、今後もいろいろ任せられそうだ」ととても好評でした。

ところが、3ヶ月経ち、プロジェクトも重要な局面を迎えている最近になって、橋本さんの細かなミスが目立つようになってきました。先輩とのコミュニケーションもめっきり減っていますし、先日は、今後の方向性を確認し、次のフェーズに移行するためのミーティングをキーマンである鈴木部長に案内し忘れて、ミーティング自体をやり直すことになってしまったのです。

考えてみると、以前は必ず次の日にはメンバー全員に送られていた議事録もこのところ遅れ気味で、次のミーティングの直前に送られてくることもありました。また先週のミーティングでは、会議室を予約していた時間が短く、ミーティングの途中で次の利用者が入ってきてしまい、メンバー全員でオープンスペースに移動して、最後のまとめをせざるを得なくなりました。

以前の元気で何事もきっちり仕事をこなす橋本さんを考えると、少し変だと思い、同期で橋本さんとも仲のよい荒川さんに様子を聞いたところ、こんな話をしてくれました。

「橋本さんですか？　そう言えば、今のプロジェクトは細かい仕事が多くて大変だってこぼしてました。それにパーフェクトにやって当たり前で、ちょっとでもミスがあるとみんなに迷惑がかかるので、気を使うってことが、重荷になっているようでした。あと、最近になって、プロジェクトがどんどん専門的な領域になってきて、話に全然ついていけず、このままやっていけるのかと悩んでいるみたいですよ。毎日帰りも遅くて、この間は『なんで、オレ、この会社に入ったんだっけ……』なんて言ってました」

あるべき姿＝目標	
現状（の事実）	
差を生み出している原因	

【例】情報を整理する　――問題解決技法

あるべき姿（目標）	抜け漏れのないメンバーへの事務連絡 必要な時間を確認し、会議室を予約する 議事録作成、翌日中にメンバーに送る 先輩との密なコミュニケーション
現状（の事実）	鈴木部長の会議招集漏れ 会議室の予約時間が短かった 議事録を送ってくるのが遅い 先輩とのコミュニケーションが減っている 橋本さんの元気がない
差を生み出している原因	ミスできないプレッシャー 専門的な話についていけない 細かい仕事の意義を理解していない

【応用】情報を整理する　――問題解決技法

橋本さんのケースで情報を整理する問題解決技法の練習をしました。まずはこのように、あるべき姿＝目標と、現状（の事実）を明らかにし、その差を生み出しているものは何かを考えるということが、イメージできたと思います。

今度は実際にあなたの部下の置かれている状況を書き出してみましょう。
そして先ほどと同様に、あるべき姿（目標）と、現状（の事実）を明らかにし、その差を生み出しているものを考えてください。その差を生み出しているものに対して、解決策を考えていくということになります。

あるべき姿（目標）	
現状（の事実）	
差を生み出している原因	

8 部下の感情を受け止める
——共感

面談で相手の話をさらによく理解するためには、**情況**を把握することが大切です。ここで、情況というのは、起こっている事実だけでなくその時の感情も含めたものです。これを数式的に表せば情況＝事実＋感情ということになります。コミュニケーションの深度ですでに説明した通り、仕事上のコミュニケーションでは、まず事実関係の情報をしっかりとやりとりすることになります。しかし、情況を把握するためにはそれでは不十分で、コミュニケーションの深度のより深い部分、感情にも焦点を当てる必要があります。

【情況】

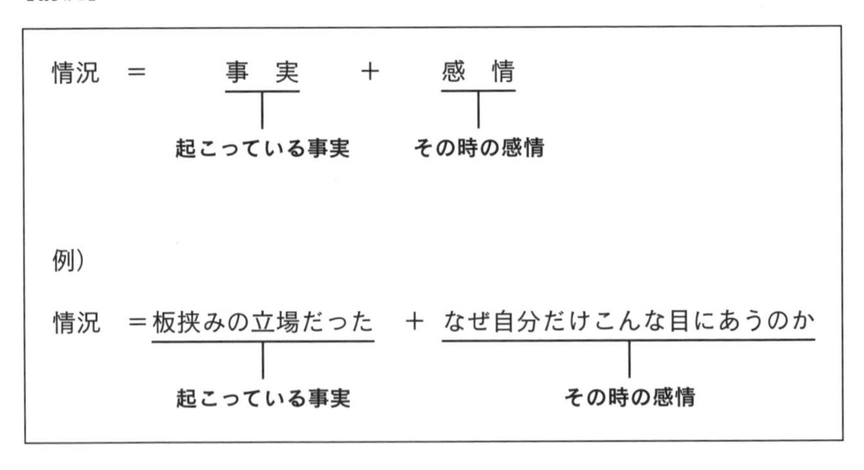

なぜ、感情の部分も重要なのでしょうか？　仕事なのだから、事実関係の情報をしっかりとらえて、適切な判断と対処をしていれば事足りるし、むしろ感情など差し挟まないほうがよいという考え方もあるでしょう。同様の考え方を持つ部下もいるでしょう。

しかし、その時々の感情に、仕事のできが影響されやすい部下も存在します。部下によい仕事をしてもらうのが上司の仕事である以上、感情の部分が仕事に影響する部下がいるとしたら、その側面でも適切な対処が必要ではないでしょうか。

特に、モチベーションが仕事の質に関わるような場合はなおさらです。キツい仕事でも楽しくできれば、それが充実感につながり、継続的に質の高い成果を生みだせる可能性も高まるでしょう。逆に、報酬などの面で非常に恵まれた待遇の仕事でも、本人がつまらないと思っていたら、がんばってやり遂げようとは思わないかもしれません。そして、本人がどのように感じているのか、つまり感情の部分は本人しかわからないのです。

しかし、単に感情の部分を聞き出そうとして、例えば「目標達成してみて、気分はどうか？」などと直接的に質問しても「えっ、いや嬉しいことは嬉しいですけれど……」と曖昧な答えしか返ってこないかもしれません。特に、日本人は感情を表現することに慣れていない傾向にあるのでなおさらです。

こんな時、共感を示すことで相手の感情をうまく引き出せる人がいます。これは、感じ方の部分でも“同じである”ことを示し、仲間としての認識をまず持ってもらうということに他なりません。

共感というと、「自分も○○の案件では、難易度の高いプロジェクトでお客さまと社内の板挟みにあったよ」などといった自分の経験を話す人がいます。しかし、経験をただ話すだけでは共感ではありません。

先の表現では「板挟みの立場だった」という事実関係について話しているだけです。もし、本当に共感するのだったら、さらに「その時は、なんで自分だけこんな目に遭うのだろうと思った」などという、自分の感情について話すことが必要です。感じ方の部分でも同じであるということを示すことで、相手の感情を引き出しやすくするのです。

しかし、同じような情況にあった経験がある場合はそれを話せますが、そうでない時はどうしたらよいでしょう。

どんな時でも使える共感の示し方として、相手の置かれている立場や起きている事実を踏まえ、“こんな時、その相手だったらどう感じるだろうか”と想像し、それを口にしてみるという方法があります。

例えば「目標達成といってもいろいろな人の助けもあって……という感じだから、気分も喜び半分、照れくささ半分とかかな、どう？」などです。

共感ですから、相手の感情を慮ることが必要で、自分ならどうかとはちょっと違うことに注意が必要です。

ただ、自分とは感じ方が大きく違う相手の感情を慮るのは大変かもしれません。次の節では、自分とはタイプの違う相手の考えや感じ方を推測するための分類、ディシジョン・マトリクスをご紹介します。

いずれにしても、他人の感情部分が正しく推測できるのはまれなことです。その示した感情がぴったり当たっていなくとも、自分の気持ちの部分まで気にかけてくれる人だという認識を持ってもらえるだけでも、より深いコミュニケーションのきっかけとしては十分でしょう。

【練習】部下の感情を受け止める　――共感

それぞれの状況で、部下の感情に共感を示すことができそうですか？共感の言葉を考えて書いてみましょう。

- **例：オンシーズンと重なって、なかなかとれなかった出張先の宿泊が見つかって、「なんとか、予約できました」と部下が言いました。**

共感の言葉	それは一安心だね（“安心”という感情を表す言葉を返している）

- **状況1：業者からの納品物の個数が何度も間違っていて、「追加発注という形にしてくれって言うからそうしたのに、また個数が違うんですよ！」と部下が言いました。**

共感の言葉	

- **状況2：部内ではあるけれど、重要なプレゼンテーションが成功に終わって、「ふうっ。ようやくぐっすり眠れますよ」と部下が言いました。**

共感の言葉	

- **状況3：これはイケると想定していた大きな案件が失注となって、「すみません。先方から今回は別のところと契約するって連絡があって」と部下が言いました。**

共感の言葉	

- 状況4：半年間取り組んできた実験で、ようやく実用化にこぎつけられそうなデータが得られて、「一応間違いがないか、確認してください。これで次のステップに進めると思うんですが」と部下が言いました。

共感の言葉	

- 状況5：週末の会議のために集計を頼まれているのに、各営業からのデータの集まりが悪く、「ヤバいんです。まだデータが半分くらいしか集まってないんです」と部下が言いました。

共感の言葉	

【例】部下の感情を受け止める　——共感

● 状況1：

共感の言葉	先方の指示通りにしたのに、また個数が違うのか。腹立たしいよね。

● 状況2：

共感の言葉	プレゼン、ずいぶんプレッシャーを感じてたみたいだけど、成功してよかったね。

● 状況3：

共感の言葉	あんなにイケそうだったのに、別のところと契約されてしまったのか。それは残念だったね。

● 状況4：

共感の言葉	結果につながるとうれしいよね。よし、確認しよう。

● 状況5：

共感の言葉	まだデータが半分しか集まっていないのでは、焦る気持ちもわかるよ。

9 さまざまな相手に合わせる
——ディシジョン・マトリクス

世の中にはさまざまなタイプ分けがあります。血液型や星座をもとに、私は○○なタイプだと考えたり、あの人は△△な人だから○○と説明しようなどと、作戦を立てることを好む人がいます。本書ではビジネスの場面で使いやすい分類として、ディシジョン・マトリクスをご紹介します。

ディシジョン・マトリクスは、人が何を基準に判断するかをもとにした分類です。何かを決める時に、とても合理的に、事実をもとに論理的に判断を下そうとする人がいます。一方で、直感や感情など情緒的な部分が、その判断を支配している人もいます。また、それとは異なる観点で、判断をするのに（たとえ情報が全て揃っていなくても）非常に迅速に決断をする人もいれば、じっくり慎重に時間をかけて決断したい人もいます。

この2つをかけ合わせてマトリクスにすると、論理的で慎重に決断するタイプ、情緒的で慎重に決断するタイプ、論理的で迅速に決断するタイプ、情緒的で迅速に決断するタイプの4つのタイプの分類ができあがります。

■ 論理的で慎重に決断するタイプ：分析派

事実をもとにじっくり考えるために、十分なデータを揃え、論理的に結論を導きます。逆に言えば、考えるに足る情報が少ない場合、即断を迫られるのは好みません。

仕事の進め方で好きなのは、よく練られて決められたプロセス通りに、役割を全うしていくことです。

ここでは、このようなタイプを分析派と呼びましょう。皆さんの周り、同僚や部下、あるいは上司にそのようなタイプの人はいるでしょうか？

【ディシジョン・マトリクス】

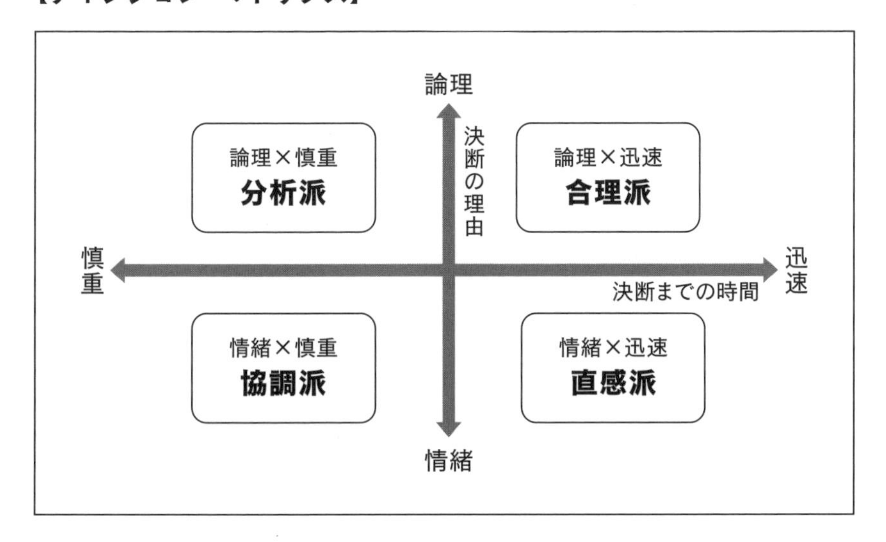

■ 情緒的で慎重に決断するタイプ：協調派

じっくり考えたいのは分析派と同じですが、データというよりは、どう感じるかを大切にします。自分がそうなのですから、他人の感じ方も気になります。よく気がつく人、という言われ方もしますが、あれこれ気にしすぎで優柔不断な人、と見られることもあります。

仕事の進め方で好きなのは、とにかく安心して仕事をしたいということです。

ここでは、このようなタイプを協調派と呼びましょう。皆さんの周り、同僚や部下、あるいは上司にそのようなタイプの人はいるでしょうか？

■ 論理的で迅速に決断するタイプ：合理派

感情を差し挟まず、物事をテキパキと決め、どんどん仕事をこなしていくタイプです。あれこれ思い悩むのは性に合いそうにありません。

仕事の進め方で好きなのは、必要な情報だけもらって、後は自分でやっていくことです。

ここでは、このようなタイプを合理派と呼びましょう。皆さんの周り、同僚や部下、あるいは上司にそのようなタイプの人はいるでしょうか？

■ 情緒的で迅速に決断するタイプ：直感派

感情が豊かでひらめきをすぐ実行に移し、うまくハマると楽しいが、マイナス面が出ると喜怒哀楽に振り回されるタイプです。せっかちで落ち着きがない人と見られることもあります。

仕事の進め方で好きなのは、あまり細かいことは言わずに、思いつきで自由にやっていくことです。

ここでは、このようなタイプを直感派と呼びましょう。皆さんの周り、同僚や部下、あるいは上司にそのようなタイプの人はいるでしょうか？

人はなぜこのようなタイプに分かれるのでしょうか？　答えの一つとして、生物学の見地からいうと、生き残りのための多様性だと考えられています。

さまざまな危機が迫ってきた場合、たとえば大きな地震などの時に「すぐに逃げるか」「その場で静かにしているか」といった判断の正解は後でわかることです。生物的には「みなが全員同じように判断し、行動する」ことは絶滅のリスクを高めるため、判断が分かれることで、どちらかが助かるというほうが理にかなっていることになります。

いずれにしても、自分のタイプを知ることで、考え方や感じ方の傾向を自己分析し、また、相手のタイプを慮ることで、自分とは違う考え方や感じ方を受入れ、うまく合わせていくことができれば、面談だけでなく、さまざまなビジネスの場面で応用できることでしょう。本書では、各タイプ別の特徴について一般的なものを列挙しますので、参考にしてください。

まずは、これらのタイプを参考に、自分の考え方や感じ方の傾向を分析し、次の部下についても分析してみましょう。

【相手のタイプを見極めるチェックリスト】

相手の普段の言動をチェックしてみましょう。

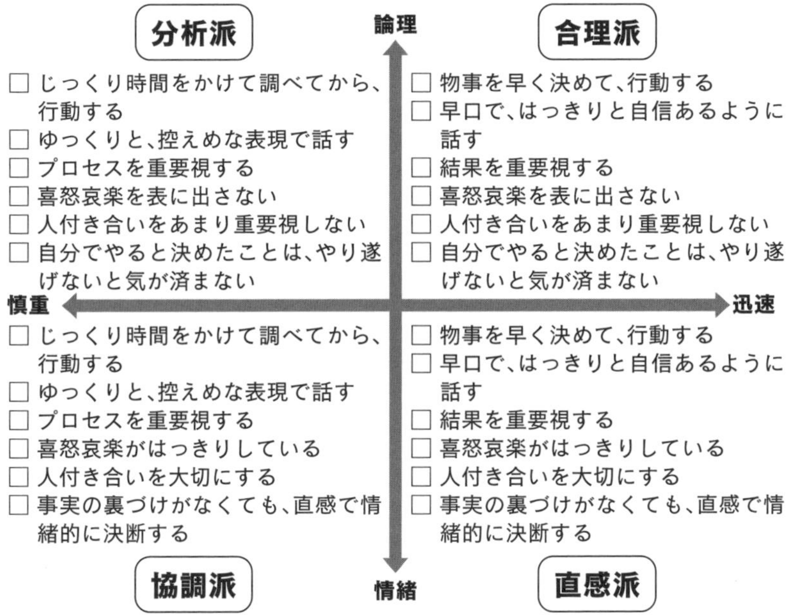

【部下のタイプに合わせた留意点】

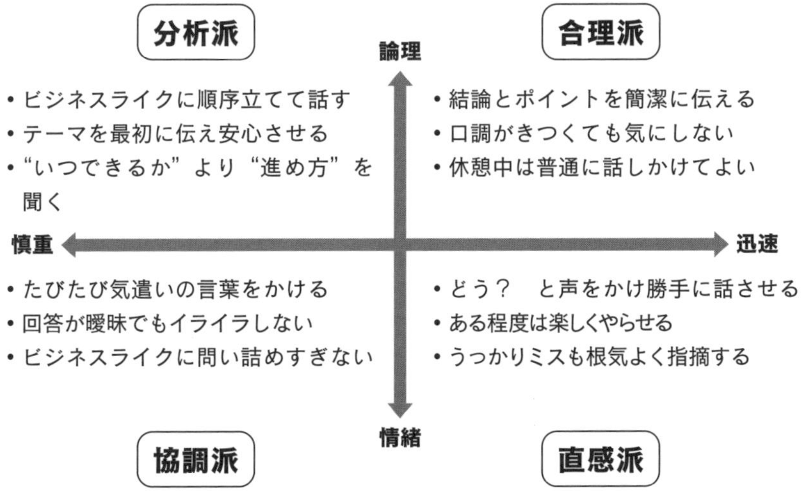

■ 分析派の部下への対応

このタイプは手順やルールが明示されていて、規律正しさや合理性が守られている時に、心地よく物事に取り組むことができます。また、高い専門性が認められ、その能力の高さゆえ、仕事を任されていると感じられた時に、特に高いモチベーションを感じるでしょう。何かに取りかかろうとする時は、全体像とその細部の手順を了解できてから行動に移します。

周囲からは、事実を重んじ、論理的で曖昧さを嫌う冷静な人と見られます。その一方、データや事実にこだわるあまり、結論を出すまでに時間がかかりすぎてしまい、円滑に物事を進められない可能性があるので、注意が必要です。

■ 協調派の部下への対応

このタイプはチームの信頼関係をベースにし、メンバーの合意を確認しながら物事を進められる時に、心地よく物事に取り組むことができます。また、誰のためにどんな役に立つかが、具体的に理解できた時に、特に高いモチベーションを感じるでしょう。何かに取りかかろうとする時は、大きな危険がなく、安心であると確信できてから行動に移します。

周囲からは、周囲に気を使い、支援的な立場に回る人と見られますが、その一方、慎重さや周りへの配慮をしすぎるあまり、実行のタイミングが遅れてしまい、円滑に物事を進められない可能性があるので、注意が必要です。

■ 合理派の部下への対応

このタイプは求められるものがはっきりとしていて、それに向けての行動に、他人から干渉されない環境が与えられている時に、心地よく物事に取り組むことができます。また、ハードルが高い仕事を自分の力で成し遂げようとする時に、特に高いモチベーションを感じるでしょう。何かに取りかかろうとする時は、自らの手で結果に至れるとの見通しが立ったら行動に移します。

周囲からは、独立的で、可能な限り自分でコントロールしたい人と見られます。その一方、自分に対しても他人に対しても、厳しい管理を求めすぎた時に、円滑に物事を進められない可能性があるので、注意が必要です。

■ 直感派の部下への対応

このタイプは自由で活気があふれ、スピーディーな環境ながら、多少の脱線も許されている時に、心地よく物事に取り組むことができます。また、その仕事を達成した時のメリットや満足感を想像できた時には、特に高いモチベーションを感じるでしょう。何かに取りかかろうとする時は、思いつき、直感で行動に移します。

周囲からは、みんなに参加してもらって、楽しみながら進めてほしいと思っている人と見られます。その一方、手順やリスクを事前に確認しなかったり、周囲の合意を得ずに始めてしまったりした時に、円滑に物事を進められない可能性があるので、注意が必要です。

ストーリー　モチベーションを上げる

　このところ野田さんは少し元気がないようです。天王寺さんが気になって調べてみると、訪問件数も減っていました。ここは上司としてアドバイスしなければと考えましたが、また一方的な持論の押し付けになってしまっては、かえって逆効果かもしれません。

　なぜ訪問件数が減っているのか、野田さん自身が気になっている点は何かなど、あまり堅苦しくない雰囲気で聞いてみようと思いました。

　天王寺さんはおやつのチョコレートをいくつか持って、野田さんに声をかけました。

「ちょっと根を詰めすぎじゃないのか？　ほら、頭の使いすぎには甘いもの。どうだ？」

「ありがとうございます。……私、何かやっちゃいましたか？」

　警戒した様子の野田さんに、天王寺さんは笑ってしまいました。

「いや、そうじゃないよ。実はな、野田、最近、ちょっと元気がない感じだから、気になってな」

「……訪問件数も落ちてるし」

　ため息をついた野田さんの隣に、天王寺さんは座りました。

「いや、そういう話じゃないんだ。うまくいっていないことがあったり、気になっていることがあるなら、力になれないかと思ってな。少し話してみてくれないか？」

　少し考え込んでから、野田さんは話し始めました。

「……実は、『ソリューション営業』難しくって……」

「ソリューション営業か……。確かにちょっと難しいよな。どういうことか詳しく教えてくれ」

「最初の訪問は大丈夫なんです。『お役に立ちたい』って言うと、皆さん、そうかそうかって感じで。でも、次の訪問から『で、結局、何売ってくれるの？』って言われちゃって」

　天王寺さんはあいづちを打って、同意しながら聞きました。

「それでカタログを出すと『ほらほら、最初から見せてくれればいいのに』って……確かに、選ぶのはお客さまなんですけど」

「そうか……。野田、お前、服を買うのは好きか？」

「ええ、まあ、こう見えて」

突然違う話を出されて、野田さんは戸惑いました。

「服を選ぶのに迷った時とか、どうする？」

「お店の人に、自分の好みとかも伝えて、流行りとか、聞いてみます」

「そうだよな。選ぶのは自分だけれど、一緒に考えてくれる人がいると心強いんじゃないか？」

確かにと、野田さんはうなずきました。

「ソリューション営業っていうのは、まずはそういうことなんだ。アプローチが変わる。それによって、今までお客さまも気づかなかったようなものが、解決策になるかもしれない。それに、いろいろ相談できればお客さまも安心だろうし、何より頼ってもらえるようになったら、野田自身もうれしいだろ」

「そうか、アプローチが変わるってことが大事……なんですね」

「そして、その姿勢が信頼を勝ち取る源になるんだ」

「はい！」

何となく野田さんの中でモヤモヤしていたものがスッキリした気分になりました。

「じゃあ、ちょっと、顧客リストをもう一度見ながら、行けそうなお客さまを一緒にピックアップしていこうか」

「ありがとうございます。そのアプローチが『ソリューション』てことなんですね！」

「お前、うまいこと言ったつもりだろ？」

野田さんは笑いながらチョコレートを口に放り込みました。

解　説

天王寺さんは野田さんの変化に気がつき、悩みをうまく聞き出すことができました。また、リフレーミングを使って野田さんの悩みについて違う見方を促し、モチベーションを高めることができました。

ここではどのようにリフレーミングを行ったか、整理してみましょう。

まずは部下の立場に立って“同じである”ことを示すために、「ソリューション営業が難しい」という野田さんに同意し、詳しく話を聞きました。その前にも、野田さんの元気がなさそうなことが気になっていると伝えており、野田さんは天王寺さんを“敵ではなく仲間だ”と認識しているといえるでしょう。

そこから次に、洋服を買う時はどうするかという、野田さんにとって想像しやすい身近な話をし、そこから「ソリューション営業っていうのは、まずはそういうこと」であるとリフレーミングを行いました。

もし、野田さんにとって想像しにくいたとえや、難しい説明をしたらどうなると思いますか？　きっと、また天王寺さんの指導が始まったと嫌になってしまうかもしれません。

このように相手が想像しやすいもの、身近に感じるものを使えば、スムーズにリフレーミングを促すことができるのです。悩んでいることだけでなく、困っていること、苦手なことなどをリフレーミングできれば、モチベーションを高めることができるでしょう。

4章

面談のケーススタディ

1 ケース①
仕事の指示

ここまで面談について一通り学んできました。本章では、より具体的なケースを使って練習してみましょう。

下記のケースで、あなたならどのように面談を進めますか？

あなたの部署はマーケティング部です。マーケティング部では営業部の支援としてさまざまな販売促進用の資料を作成したり、新規顧客のためのイベントを企画したりしています。この春、マーケティング部にも待望の新人が配属されました。

利根さんは実直そのものという感じの人柄で、飲み込みが早いほうではありません。しかし、ちゃんと理解さえすれば、しっかり仕事をしてくれるということで、部署のメンバーからの評判も上々です。頼りになるホープとして、仕事を回していくためになくてはならない存在になりつつあります。ルーチンの仕事に関してはほぼ問題なくこなせるようになってきているため、あなたは秋のイベントの目玉であるソリューションフェアの仕事を、利根さんに新たに担当してもらおうと思っています。

ソリューションフェアは新たなソリューションの発表の場であると同時に、見込みの高い顧客との接点となるため、営業部としてもとても重要視しています。単に新規顧客の開拓というだけではありません。むしろ既存の顧客にこそ、新しい技術を使ったものを積極的に導入してもらったほうが、新たなソリューションの実績を増やしていくのにも都合がよいため、最近は既存の顧客のロイヤリティー向上も、一つの大きな狙いとしています。

利根さんに担当してもらいたいのは、その既存顧客の出席管理です。ソリューションフェアでは、キースピーチとして事業部トップのプレゼンテーションがあります。入場は事前登録制で、かつ当日は名立てを用意して出席者に「招待された重要な顧客」であることをアピールするのです。

ほとんどが新規となる一般のお客さまは、Web経由で申込みフォームに入力してもらう形式で出席を管理します。一方、既存顧客の出席確認は、現場の営業経由というルートがほとんどです。重要な顧客ほど営業との距離は近いので、現場の営業経由での申込みとなる顧客は、相当の確率で会社にとって非常に重要な顧客ということになります。

しかし、重要な顧客であればあるほど忙しい方が多く、また営業も気を遣わざるを得ないものです。申込みはよくて締切ギリギリ、たいていはキースピーチの前日にならないと、営業からのリストが出揃わないことがほとんどです。このあたりの機微は、事前に言い聞かせたところでどうにもならないことなので、利根さんにはまずは経験してもらわないと思っています。

前日の夜には総務が名簿から名立を作り、次の日の朝を迎えなければいけません。一応、締切は1週間前ということになっていますし、営業のほうでも準備があることはわかっていますから、何だかんだ言ってもしっかりやってくれるでしょう。Webのほうからの申込みを確認する方法が詳細に書かれたマニュアル、最後に総務に提出するフォーマット、営業への依頼のメール文など、およそ必要なものは部の知恵の集大成としてまとまっています。あなたは自分のPCから部で共有しているファイルを確認しました。

練習用面談シート

<table>
<tr><td rowspan="3">❶
オープニング</td><td>目的を伝える</td></tr>
<tr><td>進め方を伝える</td></tr>
<tr><td>完了条件と、そのことの部下本人のメリットや意義を伝える</td></tr>
</table>

▼

<table>
<tr><td rowspan="3">❷
エンゲージメント</td><td></td></tr>
<tr><td></td></tr>
<tr><td></td></tr>
</table>

▼

<table>
<tr><td rowspan="2">❸
クロージング</td><td>“次の行動”を確認する</td></tr>
<tr><td>今後のサポートの約束を伝える</td></tr>
</table>

解　説

このケースは仕事の指示ですから、典型的な「伝える面談」ですね。

❶ オープニング

一般的な仕事の指示ですから、特に奇をてらう必要はありませんが、目的を伝えるところから「会社としても重要視している仕事の一部を信頼して任せたい」というニュアンスで伝えると、利根さんの「よりちゃんと聞こう」という気持ちを促せそうです。

❷ エンゲージメント

伝える内容は、具体的な仕事内容、その意義、リスクとその対応、などになりますが、今回は会社としても大切な仕事であることを、しっかりと伝えたいところです。また、リスクについては、リスクがあることそのものを伝えると同時に、ギリギリのポイントは示しておく必要があるでしょう。

この仕事は、利根さんにとっては新たなものになりますから、質問がないか確認し、しっかり回答する必要があります。さらに利根さんに、どのように理解したか説明してもらうくらいの念の入れ方が、この会社として大切な仕事にはふさわしいでしょう。

❸ クロージング

伝える面談では、伝えられた側の理解を説明してもらって、コミュニケーションが確実に行われたかを担保します。さらに、このケースのような関係書類なども多く、若干複雑性が高い仕事では、書類などが揃っているか、それらをどんな場面でどのように使うのかを確認させることが、次の行動ということになるでしょう。それによって、万が一、書類を見つけ出すことができずに、仕事がそこで止まってしまうということを避けることができます。また、リスクもあることから、そのサポートの意図を伝え、密なコミュニケーションを約束させたいものです。

【面談シート―仕事の指示（例）】

❶ オープニング	内容
	目的を伝える 会社としても力を入れているソリューションフェアの仕事の一部を担当してもらいたいので、その説明をする。
	進め方を伝える ソリューションフェアとは何かや、具体的な仕事内容を説明した後に、疑問点がないか確認する。
	完了条件と、そのことの部下本人のメリットや意義を伝える 利根さんがソリューションフェアの仕事の意義や具体的な仕事内容を説明できるくらいに理解して、これからすぐに仕事に取り掛かれる状態になれば終了。会社としても力を入れているソリューションフェアの仕事に貢献できるようになる。

▼

❷ エンゲージメント	内容
	理解してもらいたい内容をわかりやすく伝える ソリューションフェアとは、新たなソリューション発表とともに、顧客のロイヤリティー向上も狙った場。利根さんには既存顧客の出席管理を担当してもらいたいことを伝える。1週間前が申し込み締切だが、ギリギリまで営業担当からのリストが揃わないリスクがある。最も遅くて前日に総務に名簿が届いている必要がある。営業担当とのコミュニケーションがカギになるが、マーケティング部門としてもそのスキルは強化しておかなくてはならないので、いい経験になる。必要書類は部で共有しているファイルにまとまっている。 上記を伝えた後、理解したか説明を求める。
	わかりにくい点について質問に答える
	どのように理解したか、説明してもらう

❸ クロージング	内容
	“次の行動”を確認する まず必要書類を確認することが次の行動。必要書類と照らし合わせて、仕事の段取りを確認させたい。
	今後のサポートの約束を伝える リスクについては、サポートは惜しまないことを伝え、適宜、状況を報告することを約束させる。

2 ケース②
進捗を知る

下記のケースで、あなたならどのように面談を進めますか？

あなたは今年初めてスタートした、部門横断のサービス品質向上プロジェクトのリーダーです。このプロジェクトは技術や生産部門だけでなく、顧客の接点である営業、アフターフォローを担うサービス部門など、全社的にサービス品質を向上させようという意欲的なものです。あなた以外のメンバーは各部署から選出された若手で構成されています。その意図は、今までにない視点でサービス向上のアイデアを出し合ってもらいたいということです。また、若手の頃から全社的な視野を持って仕事ができる、未来の会社の担い手を育てていこうという狙いと、そのための人脈を作らせたいという思惑があります。

プロジェクト自体は、調査フェーズ、計画フェーズ、実践フェーズ、効果測定フェーズの4つに分かれています。調査フェーズでは、各部署での問題点を洗い出します。計画フェーズでは、その問題点を解消するための解決策を考え出し、合意形成まで持っていきます。実践フェーズではその解決策を、メンバーが旗振り役となって各部署で実行し、効果測定フェーズでは、どの程度このプロジェクトで品質向上の効果があったかを測定します。

プロジェクトスタートから1ヶ月、最初の調査報告レポートの締切を3日過ぎました。しかし、カスタマー部の最上さんからメールが来ていません。真面目そうに見える最上さんなのに意外だな、と思いながら直接電話をしてみると、どうも難航している様子でした。その状況をメールで伝えてくれればいいのという思いもよぎりましたが、小1時間とって直接聞いてみたほうが早いと、あなたは判断しました。というのも、去年読んだ本に「プロジェクトの真の進捗は進捗会議ではわからない、真実は一対一で聞き出せ！」ということが書いてあったのです。過去に自分がプロジェクトのメンバーとして参加した時は、会議の時間は限られていて短いし、必要最小限と思われる情報しか話さなかったな、と思ったからです。

最上さんにお願いしているのは、カスタマー部で毎年調査している顧客満足度調査のレポートです。そもそもカスタマー部がここ5年くらい独自に行っているもので、せっかくそういう情報があるならこのプロジェクトで使わない手はない、ということになりました。今年の調査が終わる先々週を待ち、最新のデータも含めて、プロジェクトの調査フェーズの基礎資料とするとプロジェクト全体で決めたのでした。他のメンバーも、それぞれ自分の部署での調査を進めていますが、何といっても顧客からの直接の声です。顧客満足度調査のレポートは、このサービス品質向上プロジェクトの起点となるものであることは間違いないと、あなたは考えています。

電話の様子では、最上さん自身も大変恐縮しているようでした。顧客満足度調査の締切は先々週ですから「十分間に合う」と最上さん自身が言ったものの、ふたを開けるとデータが全然揃っていないそうです。カスタマー部内での調査とはいえ、最上さんは去年まで全く関わっていなかったために、そんな実情がつかめていなかったとのことでした。

とにかく、データはどのくらい集まっているのか、なぜ遅れているのか、見通しはどうなのか、次のステップの集計や過去データとの比較にはどのくらい時間がかかるのか、今集まっているデータだけで、とりあえず議論ができるだけのレポートは作れないかなど、あなたは聞き出したいことをメモすることにしました。

練習用面談シート

❶ オープニング	目的を伝える
	進め方を伝える
	完了条件と、そのことの部下本人のメリットや意義を伝える

▼

❷ エンゲージメント	

▼

❸ クロージング	“次の行動” を確認する
	今後のサポートの約束を伝える

解　説

このケースは進捗を知るのですから、「聞く面談」ということですね。

❶ オープニング

すでに電話をして、しかも本人は恐縮しているという状況ですから、「安心して話せる」と感じられるような雰囲気づくりが必要でしょう。声のかけ方から気をつけたいものです。

また、内容としてあなたが情報を得たら、次は今後の一番よい進め方を一緒に考えるというステップを伝えると、「怒られるのでは」という不安もなくなり、情報を正しく提供するメリットを感じてもらえるでしょう。

❷ エンゲージメント

準備として聞き出したいことのメモはあるので、実施時はその順番が大切です。また、まずは事実の情報収集に徹し、途中で評価や原因追求を始めることがないようにしましょう。「どうしてそうなったのか？」という質問は、恐縮している本人はつい「自分が〇〇しなかったから」と思ったり、言ってしまいたくなったりします。特にこのケースでは、今後の進め方が大切であり、原因追求や再発防止策の検討はこの時点では必要ないことです。十分な情報が得られたら、どのようにするのが最善か、話し合うとよいでしょう。

❸ クロージング

聞く面談のポイントは、情報を提供した側が話してよかったと思って終わることです。ポジティブな終わり方が、次の積極的な情報提供につながります。繰り返しになりますが、進捗が思いのほか遅れていたとしても、責めるように原因追求したりせず、今後どのようにしたら、必要最低限のレポートを作成できるのかに焦点を当てましょう。
　したがって、次の行動としては、すべてを相手に委ねるのではなく、一部を請け負い、情報を提供したことによって支援が得られたということを感じさせるとよいでしょう。

【面談シート――進捗を知る（例）】

❶ オープニング	
	目的として、ここで得た情報をどのように使うのかを伝える 顧客満足度調査のデータを、サービス品質向上プロジェクトの参考資料に使うために、困ったり不足したりしている点を把握し、対応を考えたい。
	進め方を伝える 調査データの現状についてわかっていることを説明してもらい、こちらから気になっている点を質問するので答えてほしい。また、その他、最上さんが困っていたり、気になっていたりする点があれば、それも教えてほしい。
	完了条件と、そのことの部下本人のメリットや意義を伝える 集まっているデータを把握し、今後の一番よい進め方を一緒に考えよう。

❷ エンゲージメント	
	あなたが得たい情報について話してもらう 集まったデータの件数、遅れている理由、見通しをどう考えているか、集計や過去データとの比較にどのくらいかかりそうか、議論のために現状のデータだけでレポートを作れないかについて話してもらう。その時にデータの内容について最上さんを責めないようにし、しっかり聴く。
	より詳しく知りたいことについて質問し、答えてもらう
	その他、気になることや話し足りないことを話してもらう

❸ クロージング	
	"次の行動"を確認する レポートの作成に時間が掛かるなら、取り急ぎ去年までのデータでレポートを作成し、次回のプロジェクト会議で共有する。
	今後のサポートの約束を伝える カスタマー部の部長にかけ合うなど、データ収集が進むよう、自分も動くことを約束する。また、途中で想定外のことが起きたら、すぐに相談してほしい。

3 ケース③
部下からの相談

下記のケースで、あなたならどのように面談を進めますか？

あなたは営業マネージャーです。あなたの組織では、外回りをする営業部員と、見積りや受発注処理をする内勤担当の部員がいて、チームプレーで仕事を回しています。組織として、営業の業務プロセスを分担する範囲を決めてはいますが、チームによって仕事の量ややりやすさも考えて、融通を利かせあいながらうまくやっているようです。

ところが、大井さんのチームはなぜか言い争いが絶えません。サポートの淀さんは仕事も早く、皆から一目置かれる存在で、外回りの営業部員にも歯に衣着せぬ言い方をすることもあります。このように淀さんは、面倒なことは嫌いで、効率よく仕事を進めていきたいタイプです。しかし、よくも悪くも面倒見のよい、営業らしいおおらかな仕事のスタイルの大井さんとは、あまりに性格が違い過ぎるというのも一因のようです。

もちろんチームでの仕事のよさとして、違うスタイル同士、お互いに補い合ってよりよい仕事ができればよいのですが、どうもそううまくいっていません。

今日も見積りの内訳の表記について、「お客さまの要望で社内の受発注システムで指定されている書き方を変えてほしい」と大井さんがお願いしたそうです。ところが、それがまた淀さんの気に障ったようです。社内の受発注システムの仕様上の制限で、請求時には大井さんの要望するような内訳にはできないのです。そのため最終的にはお客さまに納得していただかなくてはなりません。だから、淀さんの主張は至極当然ではあるのです。しかし、こうした大井さんの微に入り細に入りお客さまに寄り添う姿勢が、大きな売上を生んでいるのも事実です。もちろん、そのことも淀さんは百も承知のはずです。請求時には社内システムに合わせるのだから、見積りだけそんな事をするのはムダだと、淀さんは考えているようです。そもそも大井さんの「なんとかできないかな、お願い、淀さん、頼りにしてるよ」という、お客さまの要望だし、お願いし倒せばわかってくれるといった態度が気に入らないようです。

大井さんの「なんとかできないかな」は社内でも有名です。大井さんの毎年の営業成績がいいこともあって、だいたいお願いされたほうも無理を承知で引き受けるはめになっているのです。しかし、そのしわ寄せとして、誰かが残業することになったり、誰かの案件が後回しにされたり、ということになるのが常です。そのあたりのことも問題じゃないかと、淀さんがこぼしていたこともあるそうです。

そんな折、淀さんが「一部の人が社内ルールを徹底していないせいで、いろいろと不都合が生じているので、一度ご相談をしたいのですが」とあなたに言ってきました。あなたは、一般的な社内ルールのことでなくて、大井さんが守らない社内ルールのことだなとピンと来ましたが、とりあえず「わかりました、後から空いている時間を知らせます」とだけ答えて、まずは淀さんの話を聞こうということにしました。

練習用面談シート

❶ オープニング	目的を伝える
	進め方を伝える
	完了条件と、そのことの部下本人のメリットや意義を伝える

▼

❷ エンゲージメント	

▼

❸ クロージング	“次の行動” を確認する
	今後のサポートの約束を伝える

解　説

これも聞く面談ですが、明らかにあなたの支援が期待されています。その前提で考える必要があるでしょう。

❶ オープニング

淀さんの性格はわかりませんが、すでに感情的なレベルまで不満があるようであれば、いきなりあれもこれもと話が始まるかもしれません。できることなら少し落ち着いてもらってから、事実ベースで情報を提供してもらえたほうが、あなたも支援の道が見つけやすいでしょう。したがって、オープニングでは、普段の仕事ぶりのねぎらいの言葉をかけて落ち着いてもらい、話を聞いた上でチームのために支援したいという意図を伝えるとよいでしょう。

❷ エンゲージメント

淀さんの言いたいことはたくさんありそうなので、聞き出す努力をしなくても情報は得られるでしょう。しかし、注意したいのは、それは１人からの主観的な情報であるということです。例えば、問題に感じることはどのくらいの頻度で起こることなのか、実害という点では何があるのかなど、冷静な判断をするために必要な情報を、質問によって引き出す必要があるでしょう。その上で、チームにとって最善は何かを考えるステップに進みます。

この時、大井さんの視点、チーム全体からの視点などを示唆したリフレーミングも有効かもしれません。いずれにせよ、前向きな結果が見込める面談としたいものです。

❸ クロージング

このようなケースでやってしまいがちなのは“大岡裁き”。それも両成敗的な評価です。確かに共感という点では、大井さんに問題があると淀さんが感じていることについて、理解を示す必要はありますし、だからと言って淀さんだけに肩入れするわけにもいかないのも事実です。しかし、次の行動を「大井さんにはよく言い聞かせておくから」と言っておいて、「だけど、淀さんも我慢できるところは我慢して」などという玉虫色の回答では、チームの雰囲気は改善しないでしょう。

ここでは、問題提起してくれたことに対して感謝の意を伝えた上で、チームとして最善の方法を考えるための行動を定義したいものです。

【面談シート——部下からの相談（例）】

❶ オープニング	**目的として、ここで得た情報をどのように使うのかを伝える** 部内で円滑に業務を進めていくために、役立てたい。
	進め方を伝える 「いつもテキパキ仕事を進めてくれて助かっている」とねぎらう。どのような社内ルールが守られていないのか、どのような不都合が起きているのか、具体的に気になっている点を教えてほしい。それに対して、こちらからも質問するので答えてほしい。
	完了条件と、そのことの部下本人のメリットや意義を伝える 問題が明らかになったら、チームとして最善の方法を考え、円滑に業務が行えるように支援する。

❷ エンゲージメント	**あなたが得たい情報について話してもらう** 守られていない社内ルールはなにか どのくらいの頻度で発生しているか どんな不都合が起きているのか どうなっているとチームとして円滑に業務が進められると考えているのか？
	より詳しく知りたいことについて質問し、答えてもらう
	その他、気になることや話し足りないことを話してもらう

❸ クロージング	**“次の行動”を確認する** 現在、淀さんがルール違反なので対応できないと思っている業務をどう処理するか決めて指示する。
	今後のサポートの約束を伝える 皆が業務を進めやすいように、ミーティングを実施する。その時に全員に問題だと思っていることを話してもらえるようサポートする。

4 ケース④ 課題解決の支援

下記のケースで、あなたならどのように面談を進めますか？

あなたは総務部人事グループのグループ長です。人事グループではさまざまな人事の課題に対してグループ内で優先順位を付け、それを担当に割り振るというやり方で仕事を進めてきました。あなたが筑後さんにお願いしたのは、全社の残業時間を30%カットするという課題です。

課題に取組んで2ヶ月目から、他社である程度の効果を上げていると聞いていた「毎週水曜日は原則19時消灯、ただし延長の場合は部門長の許可を得て、部門長権限で残業は可能」という施策を実施しました。

1時間前の18時から消灯のアナウンスをし、筑後さんが本当に消灯して回ったので、全社にその本気度が伝わったのか、始めの1ヶ月はいきなり20%削減という成果が出ました。これは目標の30%も、意外にすぐ達成するのではと思われました。しかし、だんだんに慣れてきたのか、3ヶ月目から削減効果は薄れてきており、正確な数値は確認しないとわからないものの、5ヶ月目の今月については感覚的には10%切っていそうです。

社員からは、残業代カットと言っても、それで利益が下がったら本末転倒という意見や、実は持ち帰りの仕事が増えて、ワークライフバランスが崩れているという声もあります。もともと社員のメンタル面も含めた健康増進と、それによる従業員満足度の向上が目的で、コストカットなどは副次的な効果として考えていたことなので、施策が不満につながってしまっては意味がありません。

ただ、施策の趣旨を部門長がよく理解してくれて、自ら旗を振ってくれている部門もあります。その部門では、部門内でどのようにしたら本当に水曜日に残業なしで仕事を回せるのか、あるいはそれ以外の日でも極力残業を減らせるのかについて、部門内で考えた工夫を実行に移しています。それにより、毎週水曜日はほとんどノー残業デーとなっています。

今朝のグループ内ミーティングで、これまでの残業時間削減の推移を筑後さんが発表しました。その数字にグループ内に落胆が広がるとともに「たとえ一つの部門でもしっかり目標達成に向けてがんばっているところがあるのだから、できない部門は甘えているだけだ」という、乱暴な意見も出ました。筑後さんは、それぞれ部門によって事情があると反論しましたが、「だいたい他社で効果が上がっているからといって、そのまま導入したところに問題があるのではないか」「他のやり方も考えたほうがよいかも」という意見も出て、筑後さんは困り果ててしまいました。

あなたは、このような縦割りの業務意識は、担当制の弊害であるとよく心得ています。せっかくなので、このグループ内ミーティングで、次の打ち手を考えてみないかと促しました。ところが今度は筑後さんが「自分の担当なので、まずはたたき台を考えてきます」と、かたくなな姿勢です。

午後になって、筑後さんは他社事例を一所懸命リサーチしているようですが、ますます袋小路に入り込んでいる様子です。もちろん、これは筑後さんだけの課題でなくグループの課題ですから、あなたは声を掛けてみることにしました。

練習用面談シート

❶ オープニング	目的を伝える
	進め方を伝える
	完了条件と、そのことの部下本人のメリットや意義を伝える
❷ エンゲージメント	
❸ クロージング	“次の行動”を確認する
	今後のサポートの約束を伝える

解　説

具体的な解決策が自明な場合は、課題解決はそのアドバイス内容を伝える面談となるかもしれませんが、このケースでは筑後さんのこれまでのがんばりを認めましょう。そして、成長を促すという観点から、共に解決策を考え、合意する面談を行うのがよいでしょう。

❶ オープニング

すでに筑後さんは少しかたくなになっているようですから、緊張感を下げる必要がありそうです。そのための雰囲気づくりをした上で、「組織のためにも、筑後さんのためにも、サポートをしたい」という意図を伝えるとよいでしょう。

進め方としては、まずはがんばっている筑後さんの認識や考えを聞き、受け止めます。その上で、必要であれば新たな見方や情報を提示しながら、さまざまなアイデアを出し合って、具体策を見出していく、ということになるでしょう。もちろん、ここで見いだされた具体策は、組織のためでもあり、筑後さん個人のためでもあります。

❷ エンゲージメント

課題解決の話し合いのベースは事実として、どのようなことを行い、何が起きたか、ということです。まずは、このようなエビデンスについて確認しあった上で、現実的なアイデアを出していくとよいでしょう。その時に、あなたが持っている情報も積極的に出すことで、さまざまな見方を促すことができるでしょう。

❸ クロージング

面談の時間だけでは、アイデアのアウトラインまでで、細かな計画を煮詰めることはできないかもしれません。その場合の“次の行動”は、筑後さん自身が、より詳細な計画を立案することとなるでしょう。

また、この計画も、100% うまくいく保証はないわけですから、早め早めのサポートを約束することで、筑後さんも安心して課題解決に取り組めるでしょう。

【面談シート——課題解決の支援（例）】

❶ オープニング	**目的を伝える** 残業時間30%削減に向けて、どのような施策を打てるのか考えるために、現状を把握したい。
	進め方を伝える 「他部署への働きかけ、大変だと思う。お疲れ様」とねぎらう。まずは、この前発表してもらった残業時間削減の推移を見ながら、各部門の事情などについて教えてほしい。気になっている点などの個人的な考えも聞かせてほしい。また、調べていた他社の事例を聞かせてほしい。その上で、今後の対応策を一緒に考えよう。
	完了条件と、互い／組織のメリットや意義を伝える 社員の健康増進と満足度向上のために、どんな残業時間削減の方策があるかリストアップして、一緒に対策を考えよう。それによって社内も活性化するし、筑後さんも評価されるだろう。

❷ エンゲージメント	**伝えたい内容を話す／または、相手に話してもらう** 残業時間削減の推移と、各部門の事情を話してもらう。 気になっている点、難しいと感じている点について話してもらう。 他社の事例はどのようなものがあるか話してもらう。 自社に導入できそうな事例はあるか、どのような障害がありそうだと考えるか？
	互いの理解を確認する
	新たな合意できる内容について、アイデアを出し合いながら決める 対策のアイデアを考え、取り組みやすさと、効果の出やすさで優先順位をつける。

❸ クロージング	**“次の行動”を確認する** 優先順位の高い対策から実行していく。
	今後のサポートの約束を伝える 他部門との調整など困ったことがあったら、すぐ伝えてほしい。引き続き、がんばっていこう。
	時間をかけて合意を生み出せた感謝を伝える 他部門への働きかけや情報収集をやってくれていたから、具体的な話し合いができて、解決策のリストアップをすることができた。感謝している。

5 ケース⑤
フィードバック

下記のケースで、あなたならどのように面談を進めますか？

技術部門であるあなたの部署には、今年２人の新人が配属されました。荒川さんは元気もよく、少し慎重さに欠ける印象はあるものの、新しい仕事にも積極的にチャレンジするタイプです。一方、隅田さんは、荒川さんとは対照的にあなたや先輩のいうことをよく聞き、さほど仕事は早くはないのですが、人への気配りについても好感が持てるタイプです。

まだ２人とも新人ということで、実際の一つの仕事をまるまる任せるというわけにもいかず、先輩の手伝い半分、勉強半分といったところです。荒川さんは、仕事のスピードは速いのですが、正確性に欠けます。隅田さんは、慎重に進めて時間はかかるものの、きっちりとこなしています。このように、フォローはまだまだ必要なものの、２人とも新人としては充分に部署の役に立っているレベルです。勉強については、各自で計画を立てさせ、仕事の合間に進めておくように指示をしています。荒川さんは計画より早く進んでいる様子ですが、隅田さんは業務優先で計画の半分くらいしか進んでいません。

技術というのは仕事の中で身につけていくほうが確実で、ムダもないともいえます。しかし、目先の仕事に必要な技術だけしか身につけられないと、どうしてもムラができたり、なにより新たな技術への挑戦の機会も減ってしまったりして、会社の競争力も落ちてしまうことになりかねません。そのような理由で、新人のうちから体系だった技術を習得してほしいと考えています。そのため、仕事の割り当てを無理のない範囲にして、勉強の時間を確保できるようにしているのです。

荒川さんについては、ただ勉強が進んでいるだけでは困ると思い、いくつか質問をしてみたところ、早いだけでなく理解もしっかりしているようでした。この調子なら、基礎の部分は早く終わらせて、むしろ先輩もまだ知らないような分野を勉強してもらって、部署で発表させて共有してもいいかなと考えています。

あなたが問題を感じているのは隅田さんです。自分の立てた計画通り勉強が進んでいないということは、今後ますます短納期になってくるプロジェクトで、割当てられた仕事が遅延気味になる可能性を示唆しています。また勉強が進んでいない一因としては先輩から仕事を振られた時に、「何でもできます。がんばります」と言って引き受けてしまっていることもあるようです。それは技術者として自分の首を絞めかねない仕事の進め方といえます。

前回の振り返りでは、荒川さん、隅田さん、あなたの３人でそれまでの勉強の進捗や、仕事上の悩みなどを共有しました。しかし、これだけ差が開いてしまうと、次回は一人をほめ、一人の問題点を指摘するということになります。これでは、本人達もお互い比較されているように感じるでしょうし、良い結果を生まない気がします。

そこで、あなたは２人のモチベーションを維持しながら、成長のサポートのためのフィードバックを考えることにしました。

練習用面談シート

❶ オープニング	目的を伝える
	進め方を伝える
	完了条件と、そのことの部下本人のメリットや意義を伝える

▼

❷ エンゲージメント	

▼

❸ クロージング	“次の行動”を確認する
	今後のサポートの約束を伝える

解　説

　このケースはこちらの認識を伝え、“次の行動を促す”、いわゆるフィードバックを伝える面談ということになります。一見すると、荒川さんはほめ、隅田さんには苦言を呈するということになりそうです。しかし、フィードバックは常にプラスとマイナスの両面をセットにしておくとよいのです。その意味では、進め方は２人とも変わりません。ただし、プラスとマイナスのバランスは同じとはいかないでしょうから、面談自体は個別に行うということを考えるとよいでしょう。

❶ オープニング

　仕事と勉強の両方の振り返りをするということを伝えるとよいでしょう。進め方にはさまざまな方法がありますが、伝えやすく、受け入れやすいフィードバックはプラスの面の認識を伝え、その後にマイナス面の改善を考えるという順です。

　また、改善項目が明らかになるというのは、成長のための焦点が定まり、そのスピードを速めることにつながるというように、成長意欲を促す説明が効果的でしょう。

❷ エンゲージメント

　プラスの評価は「どのように組織に貢献しているのか」「今後の組織の貢献につながるのか」について伝えるとよいでしょう。マイナスの評価は「組織にとって迷惑」という伝え方をしてしまいがちなのですが、それ以上に、「本人にとってのリスクである」という説明のほうが、改善へのモチベーションは上がります。その上で、改善項目について焦点を当てて、話を進めるとよいでしょう。

❸ クロージング

　具体的な改善策が“次の行動”、ということになります。その上で、荒川さんには正確な仕事ができているかのチェックを、隅田さんには勉強が遅れていないかのチェックを、つどつどするというのが現実的なサポートということになりそうです。

【面談シート――フィードバック（例）】

❶ オープニング	**目的を伝える** 早く一人前に成長してもらうために、勉強や仕事の取り組み方について認識合わせをしたい。
	進め方を伝える まずはそれぞれが毎日がんばっていることへのねぎらいを伝える。先日聞いた勉強の進捗と仕事の悩みについて、こちらが気になっている点を伝え、各自で次にどうするか考えてほしい。
	完了条件と、そのことの部下本人のメリットや意義を伝える 改善点を明らかにすることで成長のための焦点が定まり、こちらもサポートしやすくなる。自分たちの成長も早くなる。

❷ エンゲージメント	**理解してもらいたい内容をわかりやすく伝える** 勉強と仕事、それぞれについて、プラス面をまず伝え、その後に問題だと感じられるマイナス面を伝える。
	わかりにくい点について質問に答える フィードバックでわかりにくかった点や、勉強や仕事で困っている点はないか？
	どのように理解したか、説明してもらう 自分ができている点、できていない点について説明してもらい、今後の対策を考えてもらう。

 クロージング	**“次の行動”を確認する** 各自の対策を確認する。仕事も勉強も中間報告をしてもらう。
	今後のサポートの約束を伝える 予定外のことやわからないことがあったら相談してほしい。2人の成長は、部門のみんなも期待している。

6 ケース⑥ 目標設定

下記のケースで、あなたならどのように面談を進めますか？

あなたは今年からマネジメントの一翼を担い、目標管理制度の目標設定と評価の一次評価者となりました。今年はR&D部門にも新人が配属されるということもあり、若手とはいえ十分に経験を積んでいる長良さんには、その新人の面倒を見てもらおうと思っています。長良さんに事前に打診をしたところ、「そろそろそういう時期だと思っていました」との答えで、引き受けるのは仕方がないが、積極的にやりたいということではない様子です。

もともと自分から人付き合いをするタイプではない長良さんですが、現実的な計画をしっかり立てて、着実に成果を出し続ける仕事ぶりには定評があります。R&Dでの業務は、ある程度中長期的な見通しを立てた上で、日々の細々とした作業をこなしていくことで初めて成果が出るものです。そのため、長良さんのような仕事の進め方を、新人のうちから習慣化させたいのです。プロジェクトを単独で任せられるようになるのは3年目くらいかなとイメージしています。

まず1年目は自分が割り当てられたタスクを、納期通りにコツコツ仕上げていけるようになってほしいと思っています。はじめは、例えば、週ごとにお願いされるタスクをそれだけ見て遂行するという仕事の進め方になるでしょう。でも、2年目になる前にはもう少し長いスパンの仕事をもらって、自分で計画を立てて、進捗を自分で管理するような仕事の進め方を身につけてほしいと思っています。その部分も長良さんがうまく新人の成長のスピードを考えて、現実的な育成計画を立ててくれるのではないかと期待しています。

業務に関する育成を行う先輩として、長良さんはこの上なく適任だと思っています。その一方で、メンタル面でのケアなど、いわゆるヒューマンスキルが必要な部分では、少なからず心配があります。しかし、今後、長良さんが大きなプロジェクトを回していくようになることを考えると、メンバーの業務上のこと以外の管理も重要になるでしょう。

また自分のやりたいようなプロジェクトの企画を通す時にも、社内の人間関係の力学をうまく利用していけるほうが有利です。これから長良さんが挑戦したいと思っているプロジェクトを聞き出して、そのためにはヒューマンスキルが必要だと納得してもらえれば、話が早そうです。

新入社員が望ましい仕事の進め方をできるようになっていることが、長良さんの業務上の目標だとすれば、長良さん自身のヒューマンスキルの獲得と活用は、能力上の目標といえそうです。

問題は、なかなか評価しづらい能力上の目標です。これについても、長良さんに目標と測定方法を考えてもらい、実施計画を決めてもらうほうが、長良さんの得意領域を自分自身の成長という面でも活かせそうだと思います。

さて、だいたい長良さんへの目標ができたところで、面談の時間がやってきました。あなたは準備した事項をメモして面談に向かいました。

練習用面談シート

❶ オープニング	目的を伝える
	進め方を伝える
	完了条件と、そのことの部下本人のメリットや意義を伝える
❷ エンゲージメント	
❸ クロージング	"次の行動"を確認する
	今後のサポートの約束を伝える

解　説

このケースは目標設定とその合意ですから、合意する面談ですね。

❶ オープニング

目標管理制度は、各個人の力を組織への貢献に直結させるという意味合いと、通常、能力評価も交えて、個人の成長にもつなげていくという２つの意味合いがあります。まずは、そのための面談であることを伝えるとよいでしょう。

進め方には、相手が話す、そしてこちらが話す、という順と、まずこちらが話して、次に相手が話すという順とが考えられますが、ここでは、すでに新人の面倒を見てもらいたいということを事前に打診していることから、まずは相手に話してもらう、という順がよいでしょう。そして、お互いに納得のいく目標設定ができることで、チームには成果が、長良さんには正当な評価と成長が得られることが伝わるとよいですね。

❷ エンゲージメント

事前の打診時では、積極的にやりたいということでもない様子だったわけですが、頭から説得しようとしては逆効果です。まずは長良さんが挑戦したいと思っているプロジェクトは何かという話題や、新人の面倒をみることに関しての不安などを聞き出しましょう。そして、必要ならリフレーミングの技術を活用しながら、長良さんの感じるメリットと、任せたい仕事を結びつけて、合意に導くことになるでしょう。

❸ クロージング

合意された目標というのが、この面談での重要アウトプットです。うまく合意できたなら、制度上のフォーマットに清書するというのが

“次の行動”ということになるでしょうか。また、目標が定まったわけですから、目標達成に向けての計画づくりなど、業務的な“次の行動”を確認してもよいでしょう。残念ながら、合意できず時間切れ、ということであれば、“次の行動”は再度面談ということになりますね。

【面談シート——目標設定（例）】

<table>
<tr><td rowspan="3">❶
オープニング</td><td>目的を伝える
来期の長良さんの目標設定をするため。</td></tr>
<tr><td>進め方を伝える
長良さんの挑戦したいことについて要望を聞き、こちらがお願いしたいことについて伝える。</td></tr>
<tr><td>完了条件と、互い／組織のメリットや意義を伝える
来期の目標設定の準備ができる。長良さんの成長へのチャレンジとなる仕事を経験してもらうことができる。</td></tr>
</table>

<table>
<tr><td rowspan="3">❷
エンゲージメント</td><td>伝えたい内容を話す／または、相手に話してもらう
まずは長良さんの今後、挑戦してみたい仕事について聞く。
そのためには、どのような知識や経験が必要になるのか聞く。
新人の育成を担当してもらいたいことを話す。長良さんのように自分で計画を立てて、着実に成果を上げられる人材に育ててほしい。人を育てることで、長良さん自身も他人のメンタル面でのケアやコミュニケーション能力を身につけることができ、今後の仕事の役に立つだろう。</td></tr>
<tr><td>互いの理解を確認する
長良さんの挑戦してみたい仕事の確認、新人育成との結びつけを説明する。また、どのように理解したか説明してもらう。</td></tr>
<tr><td>新たな合意できる内容について、アイデアを出し合いながら決める
長良さん自身の能力向上については、自分で具体的な目標と測定方法を考えてほしい。</td></tr>
</table>

<table>
<tr><td rowspan="3">❸
クロージング</td><td>“次の行動”を確認する
今日考えた目標に対して、○日までに評価基準を考えてもらう。
次回は評価基準を確定して、目標設定完了。</td></tr>
<tr><td>今後のサポートの約束を伝える
人を育てるというのは、なかなか計画通りにいかないこともあると思うので、困ったことがあったら随時相談してほしい。</td></tr>
<tr><td>時間をかけて合意を生み出せた感謝を伝える
来期の目標について、要望を聞けてよかった。今後の長良さんの活躍を期待していると伝える。</td></tr>
</table>

7 ケース⑦ 評価面談

下記のケースで、あなたならどのように面談を進めますか？

今年度、R&D部門の長良さんは、新入社員の北上さんの育成をテーマとした目標としていました。業務上の目標としては、北上さんが望ましい仕事の進め方をできるようになっていること、能力上の目標としては、長良さん自身のヒューマンスキルの獲得と、活用することです。

長良さんは北上さんとの毎週の定例ミーティングを始めとして、微に入り細に入り、あなたの想像以上にOJTに時間とエネルギーをかけていたように思います。そのかいあって、北上さんは与えられた毎月の業務テーマに対して、すべてが納期通り間に合うというわけではないものの、間に合わないとの見通しが立った段階で長良さんやあなたに相談し、業務スケジュールの引き直しができるようになっています。

そのため、あなたのチームの先輩も、安心して北上さんに仕事の一部をお願いできるようになっており、チーム全体のパフォーマンスは大きく向上しました。また、ここ数ヶ月は、当初の目標通り1ヶ月を超える少し長めのスパンの仕事も割り当てていますが、自分でエクセルを使って進捗を管理し、進み具合や問題点を長良さんやあなたに共有しながら、業務に当たっています。この分なら、2年目には北上さんの専門性を活かしたプロジェクトを一つ任せてもよいかな、と思えるくらいです。

一方、長良さん自身のヒューマンスキルは、特にコミュニケーションの深度の観点では、まだまだ事実関係のレベルのコミュニケーションにとどまっているように思われます。

先日、北上さんが珍しく残業で遅くまで残っていました。その時、あなたが「今の仕事は、配属前のイメージと比べてどうか」と尋ねてみると、

「日々、細々とした仕事に追われている感じで、時々成長しているのか、今後専門性を活かした仕事ができるようになるのか不安になる」と、北上さんがこぼしていたからです。言い方としてはそれほど深刻そうではなかったものの、そのような気持ちで北上さんがいることを、長良さん自身が聞き出そうとしたり、理解しようとしたりしていたかというと、そのような会話をしているところを見たことがありません。

この面については、長良さんに事実関係を確かめたり、それで仕方ないと思っているのか、なにか不安な点がないのかなどを聞いたりしなければいけないと思っています。もし、長良さんと北上さんとの間で感情に関するコミュニケーションが行われていないとしたら、当初、長良さんと合意した能力上の目標に対して、満足できるレベルではないことになります。

一応、長良さんと合意した目標に対しての、あなた自身の認識は整理できました。もちろん、あなたの知らないところでうまく指導が行われていた可能性もありますから、まずは長良さんの話を聴く必要があると思いながら、評価面談の準備を進めていくことにしました。

練習用面談シート

❶ オープニング	目的を伝える
	進め方を伝える
	完了条件と、そのことの部下本人のメリットや意義を伝える
❷ エンゲージメント	
❸ クロージング	“次の行動” を確認する
	今後のサポートの約束を伝える

解　説

　このケースは評価に関しての合意ですから、やはり合意する面談ですね。

❶ オープニング

　一般的に評価は働く人にとって重要なポイントですから、評価に関する組織からの意図を正しく伝える必要があります。目標管理制度というのは、組織に貢献した人、あるいは今後も組織に貢献できる人を正しく評価するという制度ですから、その説明は何度確認してもよいくらいです。

　進め方についてですが、基本は相手の判断を聞く、というのが一般的です。その際に、すべての項目でまず話を聞いてから、一つひとつ確認をしていくのか、項目ごとに話を聞き、合意していくのかは、選ぶことができそうです。そして、合意が得られることで、次の期へのさらなる飛躍のポイントが明確になるということを、長良さんへのメリットとして伝えるとよいでしょう。

❷ エンゲージメント

　評価は事実に基づいて行われるべきですが、あなたは事実のすべてを把握しているわけではありません。長良さんが誠実に事実について語ってくれる、という前提で、各項目について、判断のもとになる事実と、長良さん自身の判断を聞いていくことになります。その上で、あなたが判断のもととした事実を伝え、事実の相違のギャップをできるだけ埋めた上で、一つひとつの評価を決めていきたいものです。

❸ クロージング

　合意された評価というのが、この面談での重要アウトプットです。うまく合意できたなら、制度上のフォーマットに清書するというのが

“次の行動”ということになるでしょう。次の期の目標設定が控えているなら、その準備がお互いの“次の行動”となるかもしれません。

残念ながら、合意できず時間切れ、ということであれば、“次の行動”は再度面談ということになりますね。

【面談シート——評価面談（例）】

<table>
<tr><td rowspan="3">❶
オープニング</td><td>目的を伝える
長良さんの業績評価のため。</td></tr>
<tr><td>進め方を伝える
主に北上さんの育成という目標について説明してもらう。随時、質問するので答えてほしい。次に、こちらの認識を伝えるので、それについてどう思うか答えてほしい。</td></tr>
<tr><td>完了条件と、互い／組織のメリットや意義を伝える
業績を評価することで、長良さんに新たな課題を見つけてもらったり、成長を実感したりしてほしい。</td></tr>
</table>

<table>
<tr><td rowspan="3">❷
エンゲージメント</td><td>伝えたい内容を話す／または、相手に話してもらう
評価指標に沿って、長良さん自身の評価と、その根拠となる事実を話してもらう。長良さん自身が、北上さんを育成する中で身に着けたと感じることを話してもらう。
北上さんについて何か問題はないか聞く。
こちらの評価として、できている点、不足している点を伝える。それに対する長良さんの認識を聞く。</td></tr>
<tr><td>互いの理解を確認する
評価指標に応じて、達成度を確認する。</td></tr>
<tr><td>新たな合意できる内容について、アイデアを出し合いながら決める
長良さんの評価を合意する。
不足している北上さんのメンタル面でのフォローを、長良さんの次期の課題とする。</td></tr>
</table>

<table>
<tr><td rowspan="3">❸
クロージング</td><td>“次の行動”を確認する
北上さんのメンタル面のフォローをどう計画するか。</td></tr>
<tr><td>今後のサポートの約束を伝える
北上さんのフォローについて、こまめに報告してほしい。必要なら北上さんと3人で面談してもよい。</td></tr>
<tr><td>時間をかけて合意を生み出せた感謝を伝える
北上さんの育成をがんばってくれたことは評価している。ここで学んだことは、他の人への対応にも使えると思うので、がんばってほしい。</td></tr>
</table>

ケース⑧

8 キャリア

下記のケースで、あなたならどのように面談を進めますか？

熊野さんは若手ですが、技術力には定評があるエンジニアです。あなたの会社では、年に一度、人事異動も視野に入れたキャリア面談が義務づけられています。あなたは熊野さんのキャリア上の希望を聞き、人事部にレポートすることになっています。この制度は、人によっては本当に形式的に行うだけという場合がほとんどですが、制度をうまく活用してキャリアアップにつなげる若手も増えてきています。

あなた自身も、新人で配属された当初はサービス部門で仕事をしていましたが、その後、金融業向けのソリューションを担当し、現在は公共部門のマネージャーです。多くの部署を経験したことは、技術面だけでなく、ビジネス的な視野を広げるのに大いに役に立っていると思っています。このような経験から、メンバーに対して適切なタイミングでの異動を勧めることも、マネージャーとしての役割だと考えています。

熊野さんは「自分はプロジェクトマネージャーへのキャリアを進むのではなく、技術のスペシャリストになりたい」と、ことあるごとに話しています。かと言ってプロジェクトマネージャーの適性がないわけではありません。タスクの分析も適切ですし、納期通り、コスト通りに仕事をキッチリ仕上げてくれるので、営業からも厚い信頼を受けています。少し心配な点があるとしたら、お客さまとの交渉などの場になり、矢面に立たなければいけない時の、うまい駆け引きのスキルなどでしょうか。

スペシャリストという点での最近の興味は、オープンソースを活用した大規模なデータのハンドリングの領域のようです。公共関係の仕事はコストダウンの要求が厳しく、はじめからオープンソースの活用が要求されることも珍しくありません。最近は、安定性や将来性が必要とされる案件でも、それが顕著になってきています。そこで昨年度は、熊野さんに特任でオープンソースのコミュニティーに参加してもらい、その開発にも積極的に関わる時間を作ってもらいました。熊野さんは、そのコミュニティーのレベルの高さに驚き、また大いに刺激を受けたようでした。

キャリア面談は制度上、本当に希望を聞くだけ聞いて、人事部にそのままレポートするだけなのですが、意外に本音は言いにくいことを、あなたも経験上よくわかっています。「こういうことをやりたい」ということは、場合によっては「今の仕事はあまりやりたくない」という意味にもなります。もし異動ということになれば、引き継ぎも含め、多くの人に余計な時間をとらせることになるので、やはり気が引けるものです。しかし、だからこそ本音を言ってもらうことが、制度の主旨としては正しいでしょう。あなたは、うまく熊野さんと話ができるよう、内容を整理しておくことにしました。

練習用面談シート

❶ オープニング	目的を伝える
	進め方を伝える
	完了条件と、そのことの部下本人のメリットや意義を伝える

▼

❷ エンゲージメント	

▼

❸ クロージング	“次の行動”を確認する
	今後のサポートの約束を伝える

解　説

　この面談はあくまで、熊野さんの希望を聞くという位置付けですから、聞く面談ということになります。部門として必要な人材であるとか、組織的にプロジェクトマネジャーが足りないから、などの理由で、何かを説得する合意する面談にならないよう、注意したいものです。

❶ オープニング

　本音を言ってもらいたいということであれば、「形式的な面談ではない」という雰囲気づくりをすることが必要かもしれません。ちゃんとした場所と時間をとる、制度の説明を今一度確認のため行う、などが有効でしょう。
　今回の場合は、あなたの経験なども交えて「この面談を熊野さんの納得できるキャリアづくりの一助としたい」ということも伝えると、より本当の希望を引き出しやすくなります。

❷ エンゲージメント

　口では本人の希望と言いながら、部門のことを考えると、つい物申したくなって、せっかくの話を遮ってしまう、ということがないようにしたいものです。
　また、「希望を話してほしい」とだけ伝えるのではなく、「仕事の中でどんな時にやりがいを感じるのか」など感情や価値観のレベルの質問をしていくと、より深い情報が得られるでしょう。

❸ クロージング

　このケースでは、すぐの次の行動は人事部へレポートということになりますが、実際の人事面までは「すべて希望通り」というわけにはいかないのが普通です。
　そのリスクも説明した上で、引き出したやりがいなどの部分を鑑みて、「部内でそれに最も触れられる仕事を任せるなどの支援も考えていきたい」ということを伝えておくと、話してよかったという印象を持ってもらえるでしょう。

【面談シート――キャリア面談（例）】

❶ オープニング	**目的として、ここで得た情報をどのように使うのかを伝える** 熊野さんの希望をキャリアアップに反映するため。
	進め方を伝える 自分自身が今までのキャリアをどう考えているか話してもらい、今後の希望を話してほしい。それについて質問するので答えてほしい。また、こちらの要望も伝えるので、参考にしてほしい。ざっくばらんに本音で話してほしい。
	完了条件と、そのことの部下本人のメリットや意義を伝える キャリアについて、自分の可能性を広げて考えてほしい。イメージを具体的に持てば、なりたい自分を早く実現させることができる。

❷ エンゲージメント	**あなたが得たい情報について話してもらう** 今までのキャリアについて聞く。それに対する満足度を聞く。 技術のスペシャリストになりたいという希望について、具体的には何ができる人か？　そのために必要なことは何だと思うか？　技術のスペシャリストとして、必要なスキルを身に着けるためには、他の部門でも学べることがあるのではないか？ ユーザーの立場を体験して、視野を広げることも技術のスペシャリストには必要である。
	より詳しく知りたいことについて質問し、答えてもらう 技術のスペシャリストについてのイメージを具体的に聞く。
	その他、気になることや話し足りないことを話してもらう 他に興味のある分野はないか聞く。

❸ クロージング	**“次の行動”を確認する** キャリアの要望書を書いて提出してもらう。
	今後のサポートの約束を伝える 熊野さんのキャリアアップについて、今後も一緒に考えていきたいと思っていると伝える。

ストーリー　チームの成長を促す面談のPDCA

天王寺さんがリーダーになってから、2年が過ぎようとしていました。リーダーになった年は、気負いすぎて空回りしてしまったところもありましたが、今年は部下の話をしっかりと引き出し、コミュニケーションを取ったおかげで、チーム全体の営業目標も達成できそうです。

新人だった野田さんも春になれば4年目で、チームの一員として頼れる存在になりつつあります。そろそろ来年の目標設定に向けて、本人の要望を聞いてみようと思っています。特に感情や、できれば価値観のレベルの話ができると、それに沿った仕事の割り振りも考えられると思い、天王寺さんは面談で話すことを整理してから、野田さんを会議室に呼びました。

会議室で仕事をしていると、しばらくして野田さんがやってきました。

「天王寺さん、お疲れ様です。お客さまにメールをお送りしてて、お待たせしちゃいました」

「いや、忙しいとこ、悪かったな。しかし、野田ももういっぱしの営業パーソンだなぁ」

「いえ、福島さんや桃谷さんに比べたら、まだまだです」

「オレはよりは上ってことか？」

「えっ、もちろん天王寺さんは上司なんだから別格ですよ」

野田さんは慌てた様子で言いました。

「それにしても、野田の成長ぶりには、部のメンバーもみんな驚いてるぞ。お客さまからの評判もいい」

「みなさんのサポート、特に天王寺さんがいいタイミングでくださるアドバイスのおかげです」

ほめられて恐縮した野田さんは頭を下げました。

「それでだ。今日は、次の目標設定に向けて、野田の今後の希望を聞きたいと思っているんだ」
「はい。えっ……もうそんな時期でしたっけ。まだ考えてなくて」
「いや、まずはこんなお客さまを担当したいとか、こんな勉強をしたいとか、そんなところだ。営業じゃない部署を希望するってのもありだぞ？」
「えーっ、もう天王寺チームには置いてもらえないってことですか？」
突然の話に、野田さんはびっくりしていました。
「お前が希望すれば……な。もし、そんなことになったら、みんな泣くだろうけどな。……どうだ？ 営業の仕事は楽しいか？」
冗談めいた天王寺さんの言葉に、野田さんはつられて笑いました。
「正直、大変だと思うこともあります。お客さまの前では、逃げも隠れもできませんから。……でも、お客さまが喜んでくれるのは、こちらもとっても嬉しいです……」
営業として一人前になろうとがんばってきて、自分の希望についてはあまり考えてこなかった野田さんです。しかし、改めて問われると、営業の面白さもわかってきて、もっとこうなったらいいなと感じることもありました。まだ漠然としていますが、天王寺さんに話せば明確になるかもしれないと思い、野田さんは自分の気持ちをありのままに話しました。
「……今日はありがとうございました」
「ああ。来期は今日の話も参考にして考えていこう」
「はい」
野田さんは頼もしい表情でうなずくと、会議室を後にしました。天王寺さんは、新しい営業目標が下りてきても、このチームなら大丈夫だと確信しています。一人一人とコミュニケーションを取っていけば、きっと道が開ける、そんな自信を持てるようになりました。

解　説

初めてリーダーになった時は、自分のやり方を押し通して、空回りしていた天王寺さんですが、２年目の終わりともなると、すっかり部下から信頼されているようですね。

１年目は組織の目標を達成できず、部下の桃谷さんから指導方法への不満を漏らされていました。しかし、２年目は、面談がうまくいった要因、うまくいかなかった要因を検証し、知見を積み重ねてきました。そのおかげで、無事に組織の目標も達成できそうです。

今回の面談の目的は、目標設定の前段階として、本人の意向を聞くというものでした。天王寺さんは、以前のような思いつきではなく、きちんと面談を準備してから臨んでいます。野田さんの価値観にまで踏み込んで、要望を聞き出し、来期の仕事の割り振りを考えることができれば、きっとよい成長の機会となることでしょう。

まず、雑談のような冗談をしつつ、野田さんの成長を認めるフィードバックから話を始めています。場がほぐれたところで、野田さんの感情や価値観を知るための質問をしました。野田さんも改めて自分の気持ちを言葉にすることで、漠然とした思いが整理できたのでしょう。モチベーションが高まった状態で面談は終わりました。

本書の冒頭で述べた通り、上司の仕事は究極的には“部下によい仕事をしてもらう”ことです。本書の技術すべてを、いきなり使いこなすのは難しいかもしれません。しかし、何度もPDCAを回すことで、このような効果的な面談を行うことができるようになるでしょう。

5章

まとめ

1 この本の内容を、あなたの部下との面談に役立てるために

面談について基本から、技術、科学、ケーススタディと学んできました。

ここからは、あなたが実際に部下との面談において、学んだ内容をどのように役立てていくかということになります。

ところで“役立つ”というのは、どのような状態になっていることだと思いますか？

“役立つ”までの条件を模式的に、以下のように表現する場合があります。

【“役立つ”までの条件】

“役立つ” ＝ “わかる” × “できる” × “やってみる”

“わかる”ためには、さまざまの内容が「自分だったらどうだろうか、確かに○○の場合は当てはまる」と結びつくことが重要だと言われています。

また、“できる”ためには、料理やスポーツなどと同様、練習によってその部分部分が確実に自分のものになっている必要があります。

本書では、“わかる”ことをサポートするために、さまざまな職種、さまざまなケースを想定した例示を行っています。また、要所要所でワークシートを準備し、できるだけ「自分ならどうするか」を考えてもらえるデザインになっています。

ここで、本書で紹介した内容のうち特に重要だと思われることを改めてまとめておきます。

【PDCA】

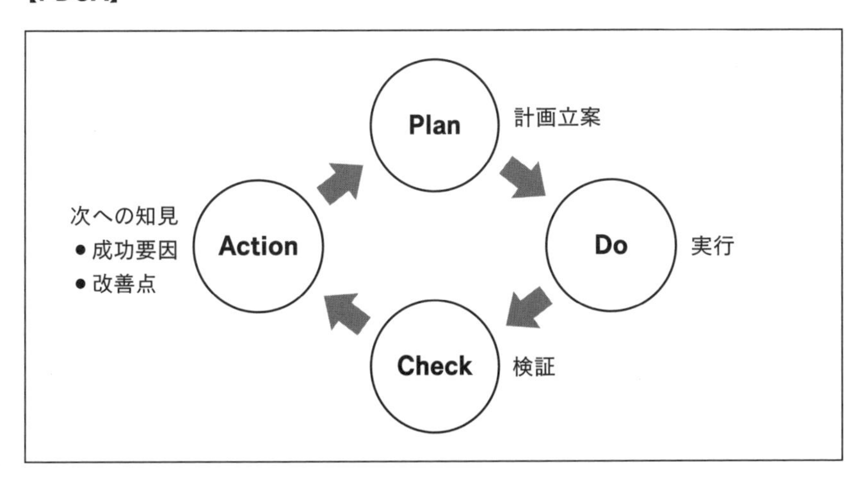

本シリーズ全体のコンセプトです。準備／実行／検証／知見のプロセスは面談においても有効で、一回一回の面談を設定した目的通りの結果に導く、というだけでなく、繰り返しこのプロセスで行うことで、その確実性を向上させていきます。

【ビジネスコミュニケーション】

・ビジネス上の目的がある
・ビジネスを進めるのに必要不可欠

↓

どちらかの、あるいは双方の
"次の行動"が確定・合意できる

面談はビジネスコミュニケーションの一つの方法です。ここで重要なのは、面談が終わった時に、"次の行動"が確定・合意できていることです。

【面談の目的】

・あなたから情報を伝える	——	“伝える面談”
・相手から情報を聞き出す	——	“聞く面談”
・その上で合意を得る	——	“合意する面談”

何事も目的が何かがはっきりすることで、準備に何をしなければいけないかが決まります。伝えること、聞くこと、合意することの、何が目的で面談が必要となったのかを常に意識する必要があります。

【面談の準備】

- 面談の必要性があるかを判断する
- （面談の必要がある場合は）目的を定める
- （目的に応じた）雰囲気づくりをする

PDCAの観点からすると、行き当たりばったりというのは最も望ましくありません。面談においても、しっかりと準備をすることで、実行がスムーズに、そして効果的に進むでしょう。

【面談のステップ】

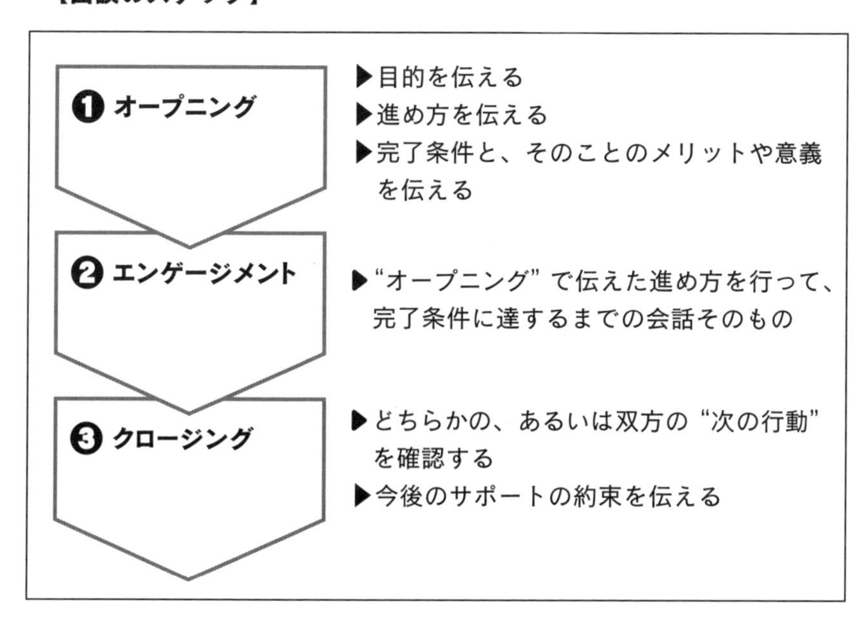

どのような面談であっても、共通のステップです。伝える／聞く／合意を得るから目的が定まることで、特にエンゲージメントでの面談の進め方に違いが出てきます。

【伝える面談のエンゲージメント】

- 理解してもらいたい内容をわかりやすく伝える
- わかりにくい点について質問に答える
- どのように理解したか、説明してもらう

【聞く面談のエンゲージメント】

- あなたが得たい情報について話してもらう
- より詳しく知りたいことについて質問し、答えてもらう
- その他、気になることや話し足りないことを話してもらう

【合意する面談のエンゲージメント】

- こちらが伝えたい内容を話し、相手の理解を確認する
- 相手に言いたいことを話してもらい、こちらの理解を確認する（順番が逆でもよい）
- 新たな合意できる内容について、アイデアを出し合いながら決める

それぞれの面談のエンゲージメントのステップです。合意する面談は、伝える面談と聞く面談の、どちらのステップも実行することが期待されています。

【2 種類の要因】

A. 望ましい結果をもたらした要因
B. 望ましくない結果をもたらした要因

面談を振り返る―PDCA の C と A を行う時に、検証し、知見を考える必要がある 2 種類の要因です。

【メラビアンの３つの要素】

- **言葉**
- **声の調子**
- **表情・態度**

面談を検証する—部下の様子を観察するための３つの要素です。

一方“できる”ためには、料理やスポーツなどと同様、練習によってその部分部分が確実に自分のものになっている必要があります。本書では、“できる”をサポートするために、いくつかの項目では練習を用意しました。ここでは、ただ読むだけでなく少し頭を使って、このケースならどうするかについて、時間を取って考えていただけるような構成にしてあります。この後、練習や実践のためのワークシートをまとめておきます。

ここで、もう一度、先ほどの式を思い出してください。

【“役立つ”までの条件】

“役立つ”＝“わかる”×“できる”×“やってみる”

いくらわかって、できるとしても、やってみないことには、絶対に役立つことはありません。この式は掛け算です。“やってみる”がゼロなら、どんなにわかって、できるとしても、最終的な積はゼロになってしまうのです。

また、冒頭でご紹介したように、PDCA は部下の PDCA ではなく、上司である、あなたの PDCA です。“やってみる”の前にはしっかりした準備を、そして“やってみる”の後には、ちゃんと検証をし、知見を残す、ということを毎回心掛けていくと、あなたならではの面談ができるようになることと思います。

あなたの“やってみる”によって、本書がさまざまな面談の場面で“役立つ”ものになることを期待しています。

面談の機会

■ 今後1年くらいの間に、部下との一対一のコミュニケーションの機会でありえそうなコミュニケーションの機会をリストアップしましょう。

部下名	機会	頻度

■ 上記の面談に対してのあなたの意識や気持ちはどのようなものですか？

■ 上記の面談をどのようなものにしたいですか？

コミュニケーションの深度

自分の部下やチームのメンバーとのコミュニケーションを振り返り、それぞれどのくらいの深度でコミュニケーションをしているか、整理してみましょう。

■ まずは、メンバーの名前を書き出してください。

■ 下記の深度のどのあたりに、上記のメンバーがいるのか、名前を書き込んでみましょう。

【深度1】 表面的	
【深度2】 事実関係	
【深度3】 感情	
【深度4】 価値観	

面談の目的　整理シート

あなたが行ったことのある面談には、どのような目的の要素が含まれていたでしょうか？　整理してみましょう。

<table>
<tr><td>対象の面談</td><td>メンバー名：
いつ：</td></tr>
<tr><td>面談の目的</td><td>概要：

☐ あなたから情報を伝える（伝える面談）
☐ 相手から情報を聞き出す（聞く面談）
☐ その上で合意を得る（合意する面談）

→確定・合意したこと</td></tr>
</table>

面談の雰囲気作りシート

■ 面談の必要性

□仕事や制度上で、面談の必要がある

□今までとは違う、ちょっとした違和感がある

□その他：

■ 面談の目的

□情報を伝える

□情報を聞き出す

□合意を得る

・概要：

■ 面談の雰囲気作り

□フォーマルorオープンでリラックス

□広さや静かさを考慮した場の選択

□適切な本題への入り方

・具体的な準備：

面談シート〈伝える面談〉

❶ オープニング	目的を伝える
	進め方を伝える
	完了条件と、そのことの部下本人のメリットや意義を伝える

❷ エンゲージメント	理解してもらいたい内容をわかりやすく
	わかりにくい点について質問に答える
	どのように理解したか、説明してもらう

❸ クロージング	“次の行動” を確認する
	今後のサポートの約束を伝える

面談シート〈聞く面談〉

❶ オープニング	目的として、ここで得た情報をどのように使うのかを伝える
	進め方を伝える
	完了条件と、そのことの部下本人のメリットや意義を伝える
❷ エンゲージメント	あなたが得たい情報について話してもらう
	より詳しく知りたいことについて質問し、答えてもらう
	その他、気になることや話し足りないことを話してもらう
❸ クロージング	“次の行動”を確認する
	今後のサポートの約束を伝える

面談シート〈合意する面談〉

❶ オープニング	目的を伝える
	進め方を伝える
	完了条件と、互い／組織のメリットや意義を伝える

▼

❷ エンゲージメント	伝えたい内容を話す／または、相手に話してもらう
	互いの理解を確認する
	新たな合意できる内容について、アイデアを出し合いながら決める

▼

❸ クロージング	“次の行動” を確認する
	今後のサポートの約束を伝える
	時間をかけて合意を生みだせた感謝を伝える

面談振り返りシート

■行った面談を振り返ってみましょう。

相手の表情・態度	相手の声の調子・言葉

面談における望ましい結果	面談における望ましくない結果
原因だと考えられる要素	**原因だと考えられる要素**
繰り返し行いたい点	**改善したい点**

巻末付録

研修ガイド

1 社内研修等で利用するために

この章では、本書を階層別研修や、面談に焦点を合わせたピンポイントの研修で使う場合の活用方法について、ご紹介します。研修等で活用される場合は、必ず受講者の人数分、本書をご購入ください。

5章のまとめでご説明したように、**“役立つ”＝“わかる”×“できる”×“やってみる”**がポイントです。研修を実施する場合、それぞれ“わかる”ためにすべきこと、“できる”ためにすべきこと、“やってみる”ためにすべきことを、受講者に行ってもらう必要があります。ここでは、それぞれ本書をどのように使えばよいのかを順を追って説明します。

■ 研修目標を設定する

まず、研修を企画するために研修目標を設定する必要があります。

【研修目標の設定】

- **何をわかってほしいのか**
- **何をできてほしいのか**
- **何をやってみてほしいのか**

例えば、

- **“面談には目的があること”をわかってほしい**
- **“自分の部下への面談で、毎回目的を設定すること”をできるようになってほしい**
- **“次回の目標設定面談で、合意する面談のステップ”をやってみてほしい**

などです。

本当は、“わかる”“できる”“やってみる”を、別々に設定することが望ましいのですが、いきなりは難しいかもしれません。

その場合は、本書のこのページを学習させたい、ということで、どのページの内容を使うかをピックアップしてもよいでしょう。

■“わかる”をサポートする

先述したように、“わかる”ためには、紹介されているさまざまの内容が「自分だったらどうだろうか、確かに○○の場合は当てはまる」と結びつくことが重要です。そのため、あるページの学習を進めるためには、以下の通り実施していくとよいでしょう。

【“わかる”をサポートする】

- **重要な内容やポイントをプレゼンテーションする**
(ダウンロードできるスライドが使えます)
- **本書の中の例示を確認する**
- **「自分だったらどうだろうか」と考えてもらう**
(考えたことを話し合わせるとより効果的です)

ページごと丁寧に、上記の3つを繰り返してもよいですし、いくつかの項目をまとめてプレゼンテーションし、その後に「自分だったらどうだろうか」と考えてもらうのもよいでしょう。

ただし、プレゼンテーションは長くて15分以内が望ましいです(8分が限界であるという専門家もいるくらいです)。一方的な講義が続かないように、本書ではケーススタディやワークシートが入っています。適宜活用し、多くの時間を「自分だったらどうだろうか」と考えてもらうことに割くとよいでしょう。

■“できる”をサポートする

“できる”ためには、料理やスポーツなどと同様、練習によってその部分部分が確実に自分のものになっている必要があります。そのため、あるページの内容が“できる”ようにサポートするためには、以下の通り実施していくとよいでしょう。

【“できる”をサポートする】

- **ステップやスキルをプレゼンテーションする**
（ダウンロードできるスライドが使えます）
- **実践例動画があれば、それを見せる**
（本書に対応したYouTube動画があります）
- **練習のための準備（ステップごとに何を言うかなど）をさせる**
- **ペアなどで、実際に練習させる（ロールプレイなど）**

繰り返しになりますが、“できる”ためには練習が必要です。その時間をしっかりととり、可能なら練習の様子を見て回って、できていることをフィードバックしたり、できていないことについて指摘し、修正のためのアドバイスをするとよいでしょう。

■ マイクロフォーマット

上記の、“わかる”“できる”をサポートするための進め方として、早稲

【マイクロフォーマット】

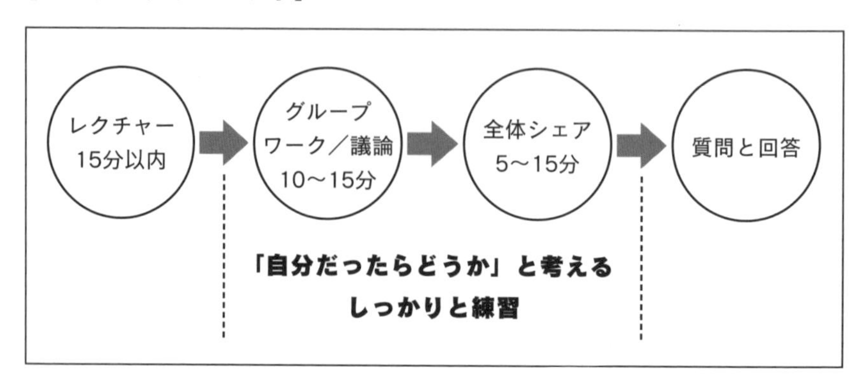

田大学の向後千春教授が提唱している、マイクロフォーマットをご紹介します。

いくつかの内容をまとめて１つのトピックとし、その１つのトピックを30～45分の単位で、上記のフォーマットで実施するという方法です。繰り返しになりますが、レクチャーを聞いただけでは“わかる”“できる”には不十分です。グループワークや全体共有の中で、十分に「自分だったらどうか」と考えてもらい、しっかりと練習ができるように、時間配分をしていきましょう。

■“やってみる”をサポートする

５章で“役立つ”までの条件を以下のように表現しました。

【“役立つ”までの条件】

> **“役立つ”＝“わかる”×“できる”×“やってみる”**

いくらわかって、できても、やってみないことには、絶対に役立つことはありません。この式は掛け算です。“やってみる”がゼロなら、どんなにわかって、できても、最終的な積はゼロになってしまいます。それでは、研修の中でどのようにしたら、“やってみる”をサポートすることができるでしょうか？

【“やってみる”をサポートする】

> - **研修中に、“自分のケース”で練習をする**
> - **研修中に、“どんな状況で、何をするか”行動計画を立てる**

“自分のケース”での練習ですが、多くの場合、本書で提示しているケースの代わりに、相手に状況を説明してからペアで練習をする、という流れになります。丁寧に進めるなら、本書で提示しているケースでまず練習をして、その後もう一度、“自分のケース”で練習する、としてもよいでしょう。

研修中での繰り返しを冗長だと嫌う人がいますが、練習はそもそも繰り返すものです。研修中にできていないものは、実践しようとは思わないものです。繰り返しの練習により、「これならそのまま実践できそうだ」と思ってもらえるよう進めるとよいでしょう。

また、行動計画ですが、○○を心がけるという曖昧な書き方をできるだけ廃することが“やってみる”をサポートすることにつながります。可能な限り“どんな状況で、何をするか”を、具体的に書いてもらいましょう。例えば、“○○さんへの、次の仕事についての説明の時に”“しっかりとメリットを伝える”などです。さらに、研修中でグループワークなどを一緒に進めてきたメンバーと、お互いの行動計画について共有することも「よし、がんばるぞ」という気持ちを後押しするのに有効です。いずれにしても、研修を企画し実施する側が「伝えることは伝えたし、やらせることはやらせたので、あとは受講者次第」というスタンスを取るのではなく、“わかる”×“できる”×“やってみる”のすべてでそれらをサポートする姿勢で研修を行うと、その結果として“役立つ”ものとなるでしょう。

■ 利用許諾について

研修での利用を考慮して、通常は禁止事項となる次の行為を許諾します。以下の範囲について、事前申請などは必要ありません。ただし、研修実施の際は、講師、受講者とも１人１冊ずつ、本書を所有していることが必要となります。

※本書の所有者に対して、以下の事項を許諾します。

種類	許諾される著作権	具体例
本書	口述権	○本書所有者に向けた読み上げ ×本文の複写・電子化
ワークシート類	複製権	○本書所有者自身の複写・印刷 （複写・印刷の委託も許諾します） ×複写・印刷したものの本書所有者以外への配布
スライド	複製権 翻案権 上映権 二次的著作物の利用権	○本書の要約や使いやすいように編集したスライドの作成 ○本書所有者に向けた投影 ○指定サイトでのスライドの再配布 ×本書所有者以外への投影 ×スライドの印刷および配布 ×指定サイト以外でのスライドデータの再配布（自身で改変したものも含む）
YouTube動画	上映権	○本書所有者に向けたストリーミング再生の投影・上映 ×本書所有者以外への投影・上映 ×ダウンロード
研修ガイド	複製権	○本書所有者自身の複写・印刷 ×複写・印刷したものの本書所有者以外への配布

※上記以外での活用をお考えの方は、株式会社エイチ・アール・ディー研究所にお問い合わせください。著作権の侵害がある、お問い合わせのない研修実施に関しましては、株式会社エイチ・アール・ディー研究所正規研修実施費用の同額を申し受けます。

■ 本書限定ダウンロード

以下のダウンロードサイトからは、本書ストーリーを再現した動画、ワークシート一式、より詳しい研修の進め方についての研修用スライド、講師ガイドが用意されていますので、ご活用ください。

読者限定　“部下を育てるPDCA”シリーズ

サポートホームページ　http://www.hrdins.co.jp/bspdca/

著者略歴

吉田　繁夫（よしだ　しげお）

株式会社エイチ・アール・ディー研究所　代表取締役社長、経営コンサルタント

1951年東京生まれ。明治大学商学部商学科卒業。1974年㈱三愛に入社。同社にて、マーチャンダイザー、ブランド商品部長などを歴任し、商品企画開発、生産、卸売、小売の各事業のほか、SPA事業、FC事業、海外提携事業を担当する。海外事業では同社在籍中、台湾駐在し現地合弁企業において業務経理（事業部長に相当）を担当し、同社の黒字転換を果たした。その後、本社の経営スタッフとして事業力強化、経営理念策定、給与・人事評価制度改訂、CS（顧客満足）推進、海外ブランド提携、FC事業化などのプロジェクト・リーダーを務めた。1998年に独立、シーズ経営研究所を設立し、現在は同研究所代表として、事業運営コンサルティング、企業研修、講演などを中心に活動中。また、2003年に研修会社㈱イ・プロス設立の副社長に就任。以後、同社事業の拡大のため㈱エイチ・アール・ディー研究所を設立、代表取締役社長を務める。著書多数。

吉岡　太郎（よしおか　たろう）

株式会社エイチ・アール・ディー研究所 主席研究員

1995年東京大学大学院修了。ウィルソン・ラーニングワールドワイド株式会社にて、パフォーマンスコンサルタント／インストラクターとして、主として情報通信系、製造業系、金融業系のプロジェクトに携わる。ソリューション営業への転換プロジェクト、次世代コアリーダー育成プロジェクト、新入社員早期戦力化プロジェクトなど、数ヶ月～1年のアクションラーニング型のプロジェクトを担当。2005年からは株式会社エイチ・アール・ディー研究所にて認知科学の観点からの研修プログラムの設計・開発を行う。また、カークパトリックモデルに基づいたトラッキングシステムを開発、トレーニング内容の実践を促し、その効果をデータとして見える化。1万件を超える言動データをベースに東京大学、早稲田大学などの研究会において、ビジネスシーンでの教育の知見を提供、共有している。多くの企業内、ベンダーの人材開発の担当者にアカデミックな見地からの諸理論やデータを基礎知識として提供、ATDのCPLPの普及にも努める。共著に『プロフェッショナル・トレーナーへの道』（日経BP社）。Kirkpatric Certificate Holder ／ CompTIA CTT+ 認定トレーナー。

■お問い合わせ　株式会社エイチ・アール・ディー研究所　http://www.hrdins.co.jp/

部下を育てるPDCA　面談

平成30年 9月27日　初版発行

著　者 ―― 吉田繁夫、吉岡太郎
発行者 ―― 中島治久
発行所 ―― 同文舘出版株式会社

東京都千代田区神田神保町1-41　〒101-0051
電話　営業03（3294）1801　編集03（3294）1802
振替00100-8-42935
http://www.dobunkan.co.jp/

ISBN978-4-495-54016-6

印刷／製本：三美印刷　Printed in Japan 2018